2-3訂版

消防救助
技術必携

水難
救助編

名古屋市消防局 編著

東京法令出版

目　　　次

総　論

1　水難事故の形態及び特性………………………………………………… 1

2　水難事故救助の分類と判別……………………………………………… 3

第Ⅰ編　水面救助活動

第1章　水面救助活動について

1－1　水面救助活動の危険性……………………………………………… 8

1－2　救助方法の選択………………………………………………………10

第2章　静水救助活動

2－1　静水救助活動の概略…………………………………………………11

2－2　泳がないで救助する方法……………………………………………14

2－3　泳いで救助する方法…………………………………………………16

第3章　流水救助活動

3－1　流水救助活動時の基礎知識…………………………………………22

3－2　流水現場の特徴等……………………………………………………25

3－3　流水救助活動の概略…………………………………………………29

3－4　現場活動要領…………………………………………………………32

3－5　流水救助活動のポイントと安全管理………………………………38

3－6　中州救助………………………………………………………………40

3－7　航空機との連携………………………………………………………44

第Ⅱ編　潜水救助活動

第1章　基礎知識

1－1　水中での活動…………………………………………………………48

1－2　潜水活動が体に与える影響…………………………………………52

第2章　現場活動

2－1　潜水救助活動の概略……………………………………………56
2－2　潜水救助活動基準………………………………………………61
2－3　潜水救助活動の原則……………………………………………64
2－4　現場活動要領……………………………………………………66
2－5　検索準備要領……………………………………………………74
2－6　各種検索要領……………………………………………………79
2－7　水底からの溺者救出要領………………………………………90
2－8　車両引き上げ要領………………………………………………93
2－9　地下空間における潜水活動要領……………………………… 110
2－10　消防艇等との連携…………………………………………… 116

第Ⅲ編　スキンダイビング・スキューバダイビング技術

第1章　スキンダイビング技術

1－1　ウエットスーツ着装要領（ワンピース型）……………………… 120
1－2　ドライスーツ着装要領………………………………………… 122
1－3　ウエイト調整…………………………………………………… 124
1－4　マスク・シュノーケルクリアー……………………………… 126
1－5　耳抜き要領……………………………………………………… 128
1－6　フィンワーク…………………………………………………… 129
1－7　エントリー方法………………………………………………… 130
1－8　水面からの入水要領…………………………………………… 133

第2章　スキューバダイビング技術

2－1　セッティング要領……………………………………………… 134
2－2　エントリー方法………………………………………………… 136
2－3　レギュレタークリアー・レギュレターリカバリー………… 139
2－4　水面移動・水中移動要領……………………………………… 140
2－5　潜降浮上要領…………………………………………………… 141
2－6　緊急浮上………………………………………………………… 143
2－7　中性浮力………………………………………………………… 147
2－8　ドライスーツ取扱い…………………………………………… 149

2－9　全装備脱装着 …………………………………………………… 152

第3章　合図・結索

3－1　水中サイン ………………………………………………………… 155

3－2　潜水活動で使用する結索 ………………………………………… 160

第Ⅳ編　資 器 材

第1章　個人資器材

1－1　ＰＦＤ …………………………………………………………… 166

1－2　3点セット ………………………………………………………… 168

1－3　ウエットスーツ・ドライスーツ ………………………………… 171

1－4　ウエイト・ウエイトベルト ……………………………………… 174

1－5　手袋・ブーツ・ヘルメット ……………………………………… 176

1－6　スキューバセット ………………………………………………… 178

1－7　携行資器材 ………………………………………………………… 189

第2章　その他の資器材

2－1　Ａ旗（アルファー旗） …………………………………………… 193

2－2　ダイバーフォン …………………………………………………… 194

2－3　水中スピーカー …………………………………………………… 197

2－4　水中探査装置 ……………………………………………………… 200

2－5　水中位置検知装置 ………………………………………………… 203

2－6　ライトロール ……………………………………………………… 205

2－7　シャークＰＯＤ …………………………………………………… 207

2－8　救命ボート（ＦＲＰ製） ………………………………………… 209

2－9　救命ボート ………………………………………………………… 211

2－10　船外機 ……………………………………………………………… 213

2－11　検索用資器材（潜水） …………………………………………… 216

第3章　各資器材の保守管理 …………………………………… 221

第Ⅴ編　訓　練

第1章　水面救助訓練 …………………………………………… 226
第2章　潜水救助訓練
　2－1　定期訓練 ……………………………………………… 228
　2－2　特別訓練 ……………………………………………… 230
　2－3　インターバルトレーニング ………………………… 237
　2－4　呼吸管理 ……………………………………………… 239
　2－5　妨害排除（トラブル回避） ………………………… 241
　2－6　潜水隊員の認定基準 ………………………………… 243
第3章　ヒヤリハット・事故事例等 ……………………………… 244

総　　論

1　水難事故の形態及び特性

1　事故の形態

　水難事故とは、海、河川、湖沼等の水域において、自然的、人為的要因により人命に危険の生じたものをいい、事故の形態はおおむね次のとおりである。

⑴　海、河川、湖沼等への転落事故（自損行為を含む。）

⑵　航空機の墜落、電車・車両等の転落、船舶の衝突及び転覆

⑶　海、プール等での遊泳中の溺水

⑷　台風、大雨、洪水等風水害時の増水及び山岳流域等における急流による孤立、流され

2 事故の特性

　水難事故は、要救助者が水没し、あるいは車両・船舶内に閉じ込められる等、容易に視認できない状態にある場合が多く、潜水技術を有する水難救助隊との連携活動が必要である。

　また、洪水等風水害時や急流河川等、流れのある中での活動は、流水や地形による活動障害から二次災害の防止を図るため、上下流域に警戒員等を配置した活動が必要であることが多く、次のような事故の特性がある。

(1) 台風、大雨、洪水等の風水害や、電車・バス等の転落等の事故では要救助者が多い。

(2) 救助隊の到着は、事故発生後、相当な時間が経過していることが多い。

(3) 救助隊の到着時には、要救助者が水没し視認できない場合が多い。

(4) 事故発生場所が河川等の場合では、要救助者が下流域に流されていることが多い。

(5) 要救助者の検索は広範囲で、長時間を要することが多い。

(6) 流水を要因とした活動障害により、長時間を要することが多い。

2　水難事故救助の分類と判別

　水難事故救助は、要救助者のいる位置により『水面救助』と『潜水救助』に分類され、『水面救助』は、流れの有無により「静水救助」と「流水救助」に小分類される。

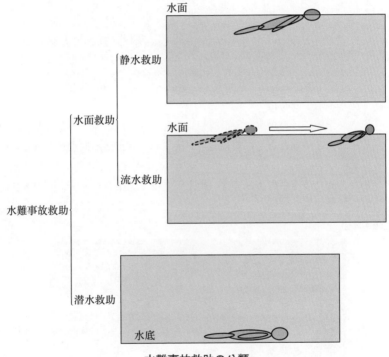

水難事故救助の分類

1　水面救助

⑴　「静水救助」の特徴

　　池・沼・流れの弱い河川等の水面の要救助者を救助する活動で、要救助者が静水面に視認できるため比較的速やかに要救助者に接触できる。

⑵　「流水救助」の特徴

　　集中豪雨等による増水時の事故や急流河川等の流水域での要救助者を救助する活動で、時間とともに要救助者が流され、救出活動拠点が大きく移動する可能性がある。

　　また、流れの速さによっては、動水圧（第Ⅰ編第3章3－1「流水救助活動時の基礎知識」参照）により救助者が拘束されるなど、危険要因が多く存在する。

2　潜水救助

　　水没した要救助者を救出するためには、潜水装備を整えた潜水隊員の活動が不可欠である。

⑴　河川等潜水救助活動

⑵　海潜水救助活動

(3)　その他特殊環境の潜水活動

　ア　高所潜水

　　　山岳部のダムや湖沼等において、潜水活動を必要とする救助活動（おおむね海抜300mとされる。）

　イ　氷下潜水

　　　割氷による転落事故等、結氷した川や湖沼等において、潜水活動を必要とする救助活動

　ウ　無視界潜水

　　　泥や砂、ヘドロ等で水中透明度が極端に悪い環境下において、潜水活動を必要とする救助活動

　　潜水救助の多くは、要救助者が視認できず場所が特定されていないので、水没地点に関する確実な情報を入手する必要がある。

Q&A

　流水救助事案は、急流河川のない地域においては、台風・大雨等の特殊な気象環境下でないと発生しないのか？

　　『平成18年度　救助技術の高度化等検討委員会報告書』によると、狭義の意味での「流水救助」は、もともと「急流救助（リバーレスキュー）」といわれ、河川の上流における急流域（平均流速2ノット（約1m毎秒）を超える流れをいう。）で、カヌー、ラフティング等に伴って発生する水難事故に対して用いられる救助技術であった。

　　しかし、名古屋市消防局では都市型洪水災害の実態などを考慮し、「流水救助」を急流河川の有無による地域限定的なものと考えるものではなく、解釈を拡大し流水全般における流水救助活動と位置づけている。

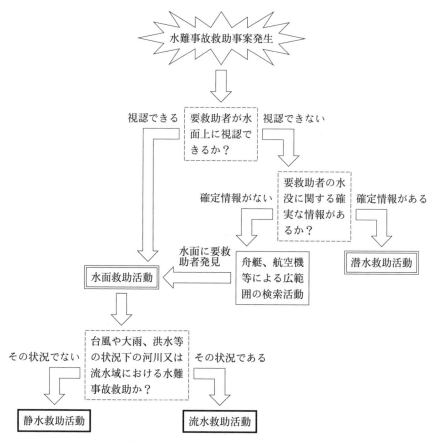

水難事故救助活動の判別フローチャート

第Ⅰ編

水面救助活動

第1章 水面救助活動について

1-1 水面救助活動の危険性

　水面救助において溺れている要救助者に接触するという行為は、救助者を巻き込む二次災害発生の可能性が非常に高い。そのため、可能な限り要救助者に接触しない安全な方法を選択することは必須であり、救助の優先順位を誤ってはならない。さらに、流水下において要救助者に接触する行為は、静水下におけるそれより危険性が増すばかりか、流水という環境的な要素から救助者のみならず、協力者まで二次災害に巻き込んでしまう可能性がある。

　この編では、静水及び流水環境下での救助活動を紹介する。流水救助技術の歴史は浅く、確立されていない。また、流水事故は従来の河川限定の事故ではなく、近年の異常気象により都市部でも発生している。そのため、訓練方法、救助技術及び救助方法については発展途上段階ではあるが、二次災害防止を主眼とした救助活動が求められる。

〈水面救助活動の優先順位〉

① 長いものを差し伸べる　　低い
② ロープや浮力体を投げる
③ ボートを使用する
④ 泳いで接触する
⑤ 泳いで搬送する
⑥ ヘリコプターを使用する　高い

危険度

1−2　救助方法の選択

　救助方法は、現場の状況や環境によって異なる。現場の状況を把握して、どのような救助方法がよいのかを判断することが必要である。また、一つの救助方法にとらわれるのではなく、後述するいくつかを組み合わせることにより効果を上げることもある。原則として、救助活動は複数の隊員で行うものとし、救命胴衣やウエットスーツなどの浮力を得るものを必ず着用する。

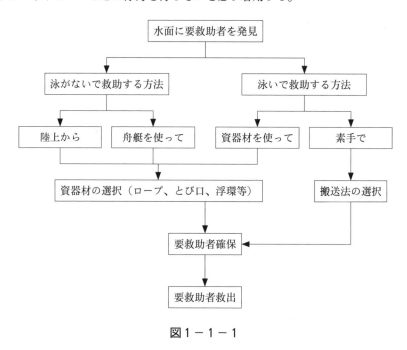

図1−1−1

第2章　静水救助活動

2－1　静水救助活動の概略

1　各隊の装備・活動例

	装　備　例	活　動　例
消防隊	緊急的に入水して活動する場合は必ず防火衣は脱衣すること。	1　要救助者の確保 　陸上から要救助者が視認できるならば、浮力体を与えたり、長い棒を差し出したりし、入水せず要救助者の確保を実施する。 　緊急的に入水して活動する場合は、必ず別の浮力体を携行し、要救助者に別の浮力体を与えることを主目的として実施する。 　消防隊の装備する救命胴衣（ＰＦＤを含む。以下同じ。）は、隊員個人の身を守るだけの浮力しかないため、救命胴衣のままで要救助者を確保・支持するような活動は行わない。 2　陸上における活動支援 　活動空地の確保、救助活動時のプライバシー保護措置等 3　水上における活動支援 　舟艇による警戒水域の設定、入水隊員の搬送支援等

救助隊	防火衣については消防隊と同様	1　要救助者の確保 　消防隊と同様 2　水面までの進入経路の確保 　陸上・舟艇からの要救助者の確保が困難であり、特別消防隊による入水しての確保が必要と判断されるときには、「三連はしご逆伸てい」等により水面までの進入経路の確保を行う。 3　水面からの救出手段の確保 　「レスキューフレーム」等により水面からの救出手段の確保を行う。
特別消防隊	※　入水隊員以外は救助隊員と同様	○　要救助者の確保 　特別消防隊は、入水しての活動を前提とする資器材（ウエットスーツ、フィン、マスク、シュノーケル等）を保有しているので、陸上・舟艇からの要救助者の確保が困難な場合は、積極的に入水して要救助者の確保に当たる。 　特別消防隊の場合は、隊員個人の身を守るための救命胴衣による浮力に加え、ウエットスーツ等による余剰浮力があることから、必ずしも別の浮力体を携行する必要はないが、安全のために別の浮力体を携行することが望ましい。

2　水面救助活動の展開イメージ図（名古屋市消防局の場合）

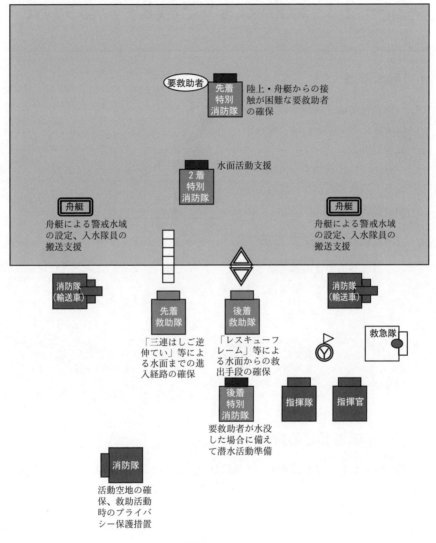

図1－2－1

2－2　泳がないで救助する方法

1　基本事項

(1)　溺者救助は「泳がないで」救
助することができれば、それが
最善である。

(2)　泳がないで救助する方法だと
泳力、潜水技術がない隊員でも
救助可能である。

2　積載資器材を使う方法

とび口等長い棒状のものを差し
出し、これにつかまらせて救出す
る。

図1－2－2

ポイント

　とび口等は要救助者に向けて突き出したり、振り下ろしたりせず横から回して
差し出すと安全である。また、上着、ホース、ロープの付いた救命浮環等、活用
できるものを日頃から考えておくとよい。

3　救命浮環を投げる方法

　救命浮環にロープを結着する。要救助者の頭上を越えて後方に落ちるように
遠くに投げ要救助者のところまでゆっくり引き寄せる。しっかりつかまったこ
とを確認して引き寄せる。

図1－2－3

4　舟艇を活用する方法

　自然災害等による広範囲の救助活動には舟
艇は有効な資器材となる。

　舟艇は風下から近づける。原則として要救
助者は船尾から引き上げる。

図1－2－4

ポイント

　船外機がある舟艇は要救助者を横から引き上げなければならない。このとき、
できるだけ姿勢を低く保ちボートの安定を図る。また、意識がある要救助者を搬
送するときは不用意に立ち上がらないように指示しておく。

2－3　泳いで救助する方法

1　基本事項

⑴　泳いで救助するのは、他に安全確実な方法がない場合にのみ用いる最終手段である。

⑵　泳いで救助に向かう以上、要救助者を確保して安全な場所まで搬送するか、他の救助者が来るまで要救助者を確保し続けるかのどちらかを行うことになる。

⑶　泳いで救助に向かうときは必ず3点セット（マスク、フィン、シュノーケル）及びウエイトを着装する。しかし、危険回避のため必要ならばウエイトは捨ててもよい。

⑷　要救助者まで最も早く到達できるルートを考える。また、入水して要救助者を確保するまで見失わないように行動する。

⑸　要救助者へは、原則として後方から接近する。

⑹　溺者救助には迅速性が要求されるが、泳いで向かう場合は二次災害防止のため常に余力を残しておかなければならない。

⑺　意識がある要救助者を搬送する場合は、もし要救助者に泳ぐ力があれば少しでも泳いでもらうように協力を要請する。

⑻　溺者救助において泳いで救助するには最低でも次の泳力は必要である（日本赤十字社『水上安全法講習教本』より）。

水　泳	距離・時間
クロール	500m以上
平泳ぎ	500m以上
潜水	25m以上
立ち泳ぎ	5分以上

図1－2－5

2　ロープを使う方法

二重もやい結びを救助者に掛け、要救助者を確保し、陸に引き寄せ救出する。

ポイント

救助者は両手で要救助者を確保して陸からロープで引かれると、掛けたロープで首が絞まってしまう。そこで、救助者は片腕で確保できるクロスチェストキャリーで要救助者を確保し、もう一方の腕で救助ロープを引き首が絞まるのを防ぐ（**図1－2－5参照**）。また、陸上側がロープを引き過ぎると、救助者、溺者ともに水没するおそれがあるため、急いで引く必要はない。

3　救命浮環を使う方法

救命浮環にロープを結着する。それを携行して要救助者に接近し、つかまらせて陸まで引き寄せ救出する。

図1－2－6

ポイント

浮環につかまらせた要救助者の後ろから、抱えるように浮環をつかんで確保すると、さらに安全に救出できる（**図1－2－6参照**）。

4　サーバイバースリングを使う方法

サーバイバースリングに小綱を結着する。このロープをたすき掛けにして、要救助者に接近し、つかまらせるか、つかまることができない場合は胴に巻きフックを背中側にする。その後、要救助者から目を離さず背泳ぎで搬送する（**図1－2－7参照**）。

図1－2－7

ポイント

背泳ぎで救出する際、最短距離で救出するため進行方向に目標物を決めておき、それを確認しながら搬送する。

Q&A

サーバイバースリングの浮力はどれくらい？

直径約38cmの救命浮環が重さ約8kgで水面下に没するのに対し、サーバイバースリングは約11kgの重さで水面下に没する。したがって、要救助者1名を確保する浮力は十分であるといえる。

5　素手で救助に向かう方法

素手で救助に向かうのは最も危険が伴う活動である。日頃からの十分な訓練と泳力が必要とされる。

(1)　接近

要救助者に近づいたら2mほど手前で一旦停止する。観察しながら安全を確保し接近する（**図1－2－8**参照）。

図1－2－8

(2)　防御・離脱

意識のある要救助者は助けを求めて救助者に抱きつこうとする場合がある。これを避けるため次の技術を身につけておく必要がある。

ア　アームブロック

片手を伸ばして要救助者の胸に手を当てて抱きつかれるのを

図1－2－9

阻止する（図1－2－9参照）。

ポイント

　アームブロックは要救助者を突き放すのではなく、胸に当てる手の肘を曲げないようにして救助者が突き返されるようにする。

イ　フロントリリース

　　前方から抱きつかれたとき、要救助者とともに水中に沈み、**図1－2－10**のように離脱する。

ウ　リアエスケープ

　　後方から抱きつかれたとき、要救助者とともに水中に沈み、**図1－2－11**のように離脱する。

図1－2－10

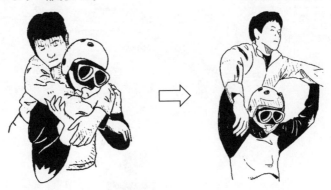

図1－2－11

ポイント

　フロントリリース、リアエスケープのため水中に沈んだときは、要救助者を見失わないように体の一部をつかんでおくようにする。

(3)　確保（チンプル）

　　原則として後方から接近し、要救助者の背後から肩越しに手を伸ばしあごを確保する。やむを得ず前方から接近するときは要救助者の対角線の手をとって引き寄せ後ろ向きにして、もう一方の手であごを確保する。

図1－2－12

ポイント

1　チンプルは、要救助者の気道確保と動きを制御する目的がある。
2　あごを確保する手はのどを押さえないように注意する。

⑷　搬送

3点セットを使用した要救助者の搬送法には、次のようなものがある。

種　　類	搬　送　図	搬送要領
クロスチェストキャリー		片腕を要救助者の肩口から脇の下に回し胸を抱きかかえ、脇を締めてしっかり確保し搬送する。
ヘッドキャリー		両手で要救助者の頬のあたりを、また親指は目を突かないように眉の上をしっかり押さえ、両腕を伸ばし要救助者のあごが上がるようにして搬送する。

| アーム・オーバー・アーム |  | ①　隊員1名の場合
　　要救助者の脇に片腕を上から通し、後頭部を支え、両手で頭部を確保し搬送する。
②　隊員2名の場合
　　1名は上記の要領で搬送し、もう1名は反対側に位置し要救助者の脇に上から腕を通し、腕を確保し搬送する。 |

ポイント

1　要救助者の浮力を利用して搬送した方が体力の消耗を防ぐことができる。したがって、要救助者を水面から上げすぎないように注意して搬送する。

2　要救助者の顔は必ず水面から出し、気道を確保しながら搬送する。

第3章　流水救助活動

3－1　流水救助活動時の基礎知識

　河川事故は水難事故件数の中で、最も多く発生する水難事故である。また、事故を発見し救助を試みた協力者が巻き込まれてしまう痛ましい事故も多く発生している。

　河川救助の特徴の一つに流れの速さが挙げられるが、水の力は我々の想像をはるかに超えるものであり、救助活動は安全を確保し慎重に行わなければならない。

　この章では、流れの速い流水での救助法について明らかにする。

1　事故の形態

　流水救助活動は、水難事故救助活動の中でも、台風や大雨、洪水等風水害時の増水に伴うものや山岳流域等における急流（急流とは、山岳流域や増水時等で、平均流速2ノットを超える流れをいう。）による孤立、流され等、流水という特殊な環境下における活動で、潜水救助活動とは全く異なる理論と技術を要することとなる。

> **ポイント**
> 1　流水救助活動に従事する救助者には、知識、技術の両面における十分な専門教育と継続した訓練が不可欠である。
> 2　流水における要救助者への対応では、むやみな飛び込みは二次災害につながることから最善の選択による救助を行う。

2　流水救助活動の定義

　海（港湾など海潮流の影響の少ない海域に限る。）、湖沼、プール等の静止水域（静水）とは異なり、河川等のように水が一定方向に動いて動水圧を発生させている流水域で実施する救助活動を流水救助（スイフトウォーターレスキュー）という。

　従来では、流水域における救助活動は一般的に急流救助（リバーレスキュー

又はホワイトウォーターレスキュー）といわれ、地域限定的かつ特殊な救助活動とみられてきたが、異常気象等に伴い発生する都市型洪水災害の実態から、急流救助を地域性、特に急流河川の有無に限定して考えるものではなく、範疇の解釈を拡大して流水全般に共通するものとして流水救助活動と定義している。

3　流水救助活動の特徴

　流水救助活動は、陸上における救助活動と比べて、流水という環境的な面から、救助者に対する負の要因（リスク）が非常に多く存在することから、救助活動実施に際しては、安全管理上これら負の要因を可能なかぎり排除若しくは回避することが最重要課題となる。また、流水救助活動においては、そこで実施される活動の大半は水面上で行われる（非潜水活動）ため、潜水救助活動とは理論体系、技術体系が全く異なるものとして捉えていく必要がある。

4　流水における負の要因（リスク）

　流水救助における負の要因の多くは、流水域という環境自体に多く内在している。この負の要因を理解するには、流水域の定義から内在する要因を考察する必要がある。

(1)　流水の定義

　　水が流れている場所が流水の定義となるが、このことだけでも以下のような負の要因を考察することができる。

　ア　流水域には水がある

　　(ア)　救助活動中に救助者の頭部が水中に没してしまい浮上できない場合は、即時に致命的な状態となるため、流水内及び流水の周辺で活動する他の救助者は、浮力胴衣（ＰＦＤ＝流水用救命胴衣）を必ず装着しておく（第Ⅳ編第１章１－１「ＰＦＤ」参照）。

　　(イ)　空気の25倍以上の熱伝導率をもつ水に接した場合、急速に体温を浪費し、救助者の身体機能を著しく低下させる。低体温症候群の危険性も高い。このため、活動する流水域の水温に適した着衣（ウエットスーツ、流水用ドライスーツなど）を装着する。

　イ　流水域には流れがある

　　(ア)　動水圧

　　　　水が流れることによって動水圧が生じる。この動水圧は、目視によってその規模を推し量ることは困難だが、人力を上回る強大な圧力をもっており、流水内で活動する救助者への大きな障害となる。しかし、この動水圧は、利用する術を習得することで、逆に人力を増幅して活動上に

有効活用することも可能である。

　(イ)　水理現象

　　水は流れることにより水理現象が生じる。この水理現象は動水圧を伴っており、流水内で活動する救助者への大きな障害となる。しかし、この水理現象は、一定の流体力学的物理法則にしたがって形成されているため、予測することが可能である（3－2「流水現場の特徴等」参照）。

　(ウ)　低温への身体暴露の助長

　　水が流れることにより水中で活動する救助者の身体に強烈な対流が生じ、熱伝導が助長され、静止水よりもいっそう早く多くの体温が浪費される。

　(エ)　止められない移動

　　水は高所から低所に絶え間なく流れるため、漂流物も流れとともに下流側へと運ばれる。このため、救助者及び要救助者ともに、何らかの要因で即座に移動漂流を始める危険性を常にはらんでいる。

　　また、救助活動中に、上流側から救助活動の妨げになる流木等の物体が漂流到達する危険性もある。

　　そのほか、レジャーとして河川を利用している者やそれらが使用している舟、ボート、カヌー等が救助現場に漂着する危険性もある。

ポイント

　流水救助活動では、救助現場の下流側に下流域活動隊を、上流側に上流監視警戒隊を配置する必要がある。
　一旦流水によって下流に向かって漂流が始まった場合、漂流者には流速と等しいスピードが生じるが、このスピードは漂流者自身によって制御することは困難である。その状態で流水中の異形物（岩、ブロック、橋脚などの漂流物の障害となる物体）に衝突すると、場合によっては致命的なトラブルとなることを認識する必要がある。

　(オ)　大量の汚水や汚染物質（ハザードマテリアル）

　　流水と同時に大量の汚水や汚染物質が流入する可能性が高い。特に洪水災害によって生じた流水や、洪水災害時の河川ではこの危険性が非常に高くなる。このため、一般的には厳冬期に使用すると考えられているドライスーツを、救助者の身体保護のため、季節を問わず使用することが必要となる場合もある。

ポイント

　アメリカにおける流水救助活動は、陸上における救助活動（火災救助は除く。）に比べ、活動中の救助者の被災確率が4倍であるという統計報告もある。

3 - 2　流水現場の特徴等

1　流水域活動における一般的な専門用語

(1)　右岸（リバーライト）と左岸（リバーレフト）
　　上流から下流を見て右側が右岸、左側が左岸となる。

(2)　カレントとカレントベクトル（メインカレント）
　　流れの本流とその向き。

(3)　動水圧
　　流水中の水圧。流れの向きに垂直な面が受ける圧力。

(4)　フェリーアングル（流水横断角度）
　　川を泳いで横断するときにとる流れに対して適した角度（3 - 4「現場活動要領」参照）。

(5)　定在波
　　一定の位置で振動するだけで進んでいるように見えない波。進行波とその反射波とが重なり合ったときなどにできる。

(6)　ホワイトウォーター
　　川の流れの中で、白く泡立った箇所を指す。そこでは40〜60％の空気を含むため、物体の浮力は著しく低下する。適正な浮力体を付けている人でさえ容易に沈むため危険である。

(7)　ストレーナーとシーブ
　　水流は通すが、人をはじめ漂流物は引っ掛かってしまう障害物全般。流倒木、杭、岩、ロープ、廃棄物などあらゆる物がストレーナーやシーブとなり得る。テトラポットは特に危険。

(8)　フットエントラップメント（脚部捕捉）
　　河川等の底には様々な人工的な品物や岩の隙間、岩盤の裂け目等の障害があり、これに足を引っ掛けてしまうこと。動水圧により、自力では抜けなくなってしまい致命的な事態に陥る。

(9)　クイックリリースハーネス（緊急解放ベルト）
　　（第Ⅳ編第1章1 - 1「PFD」参照）

2 流水救助現場の特性

(1) エディー（反転流）

　　岩等の障害物に流れがぶつかると下流側（背後）にできる逆流する渦のことで、エディーは流れが穏やかであり要救助者を救出する場合はここへ誘導する。

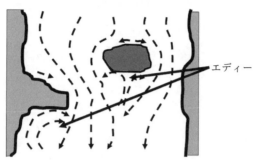

図1－3－1

(2) ローヘッドダム（人工の低いダム）及び水中の岩付近で起きる現象

　　回転しながら循環する水流は落ち込み部分に吸い付けられるようにボートや要救助者を飲み込んでしまう。

　　水流の落ち込み（ホール）では、その下流で水面付近の水が逆流していることをバックウォッシュ、アウトウォッシュという。

　　ホールの下流側で湧き上がる上昇流では空気混入率が60％に上がることがあり、ライフジャケットを装着していても浮力がなくなる。

　　人工のローヘッドダムが最も危険なホールを形成する。なぜなら、自然のものとは違い表面が滑らかで流速が速いからである。

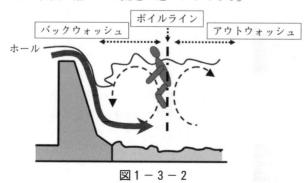

図1－3－2

(3) ダウンストリームV
    波が連続し、下流に向かってVの字に見える部分。

(4) アップストリームV
    岩の背後などにできる。Vの字の間はエディーとなり、上流方向へ巻き返している。

(5) ラミナーフロー（層流）
    水流の緩い方、つまり川底に引っ張られることである。このような状態で救助者の身体に直接ロープを装着するとラミナーフローにより沈んでしまい脱出できなくなる。

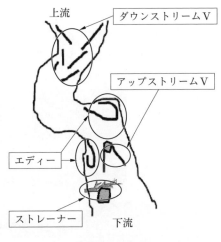

図1－3－3

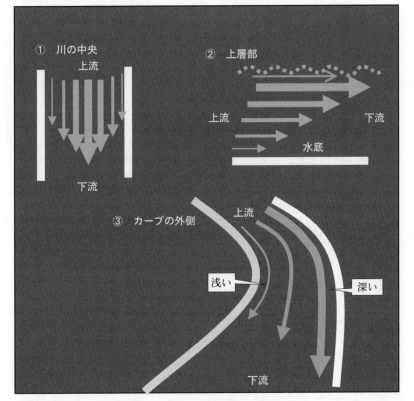

図1－3－4　流れの速いところ

(6)　ヘリカルフロー（螺旋流）

　　岸から中央に向けた水流のことで、岸付近まで泳いできてもなかなか最後
まで岸に戻れない。ラミナーフロー、ヘリカルフローにより要救助者は河川
の中央部へ流される。

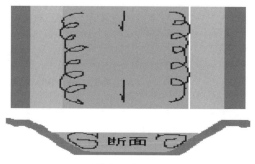

図1－3－5

(7)　アンダーカット

　　障害物の下に身体ごと入り込んでしまうことで、入り込んでしまうと脱出
できる可能性は限りなく0％に近くなる。

　　身体が流されている場合は絶対に立たない。

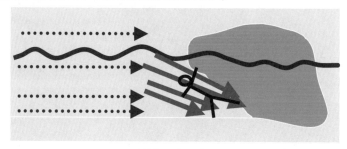

図1－3－6

3－3　流水救助活動の概略

1　各隊の装備・活動例

装　備　例	活　動　例
消防隊  不慮の落水も含めて絶対に入水することがないように安全帯で自己確保を設定する。	1　橋上からの要救助者の検索 　橋上において要救助者の検索活動を実施する。 2　要救助者への浮力体の投下 　要救助者を発見した場合は、要救助者に浮力体を与える目的で、救命浮環等の浮力体を投下する。 　万が一、要救助者が浮力体を確保できない場合でも、下流域活動隊に要救助者の位置を知らせる目印となる。 3　橋上からの上流監視 　上流からの流木等の漂流物については下流域活動隊の大きな障害となるので、逐一情報を発信する。
救助隊  安全帯については消防隊と同様	1　入水することなく確保可能な要救助者の救出 　河川敷を検索し、入水することなく救出可能な河川敷に要救助者がたどり着いていた場合には、救出活動を行う。 2　スローバッグ救助 　漂流中の要救助者を発見し、入水することなく救出可能な河川敷まで要救助者を引き込める場合は、スローバッグ救助を行う。 3　テンション・ダイアゴナルライン支援 　救出活動域の下流域においてテンション・ダイアゴナルライン（3－4「現場活動要領」参照）を設定し、救出活動域からの事故落水者の確保、

		及び最終的な救助手段として備える。 4　スローバッグ支援 　救出活動域の下流域においてスローバッグを装備し、救出活動域からの事故落水者の確保、及び最終的な救助手段として備える。
特別消防隊	 ※　入水隊員以外は救助隊員と同様	1　救出活動域への集結 　救出活動に適した条件（隊の集結に適した空地がある、河川敷までの要救助者の引き込み及び堤防までの救出が容易である、川幅が広くなる等で流速が遅くなる地理的条件がある、流れが直線的で大きな変化がない等）のそろう場所に集結する。 2　スローバッグ救助 　救出活動域において、入水することなく救出可能な河川敷まで要救助者を引き込める場合は、スローバッグ救助を行う。 3　ゴムボート救助 　救出活動域において、川幅等からゴムボートによる救助が可能な場合はゴムボートによる救助を行う。 4　接触救助 　救出活動域において、カウテール（第Ⅳ編第1章1−1「ＰＦＤ」参照）に確保ロープを設定した入水隊員により、要救助者への接触救助を行う。 5　消防艇 　進入可能な場所まで遡上し、最終的な救出手段として備える。

2 流水救助の活動展開イメージ図（名古屋市消防局の場合）

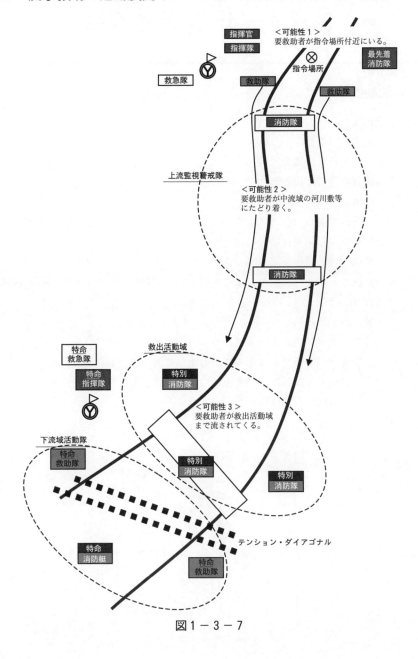

図 1 - 3 - 7

3－4　現場活動要領

1　活動要領

(1) 指揮隊

　ア　現場指揮活動

　イ　安全管理及び監視警戒

　ウ　必要部隊の応援要請

(2) 救助隊

　ア　急流救助用資器材（スローバッグ、ロープ展張、急流救助用救命ボート等）を活用し、要救助者の救出活動を行う。

　イ　活動現場に近い下流にバックアップ隊員を配置して、要救助者や活動隊員が流された場合に備え、ロープ展張等の必要なバックアップ体制の確保を行う。

　ウ　救出方法

　　(ア)　フェリーアングル

　　　　川を泳いで横断するときにとる流れに対して適した角度。

　　　　流れに対して45度の角度を保つことで、上流からの水圧を利用でき、目標の方向に有利に進むことができる。

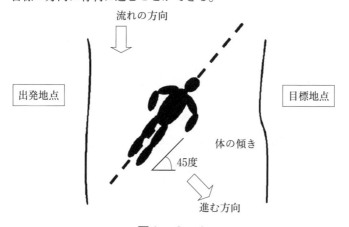

図1－3－8

(イ)　泳ぎ方

　　a　アグレッシブスイム（積極的泳法）

　　　　うつ伏せで顔は水面から出し、クロールで力強く泳ぐ方法。目標を注視しフェリーアングルを利用すれば、最短経路で進むことができる。

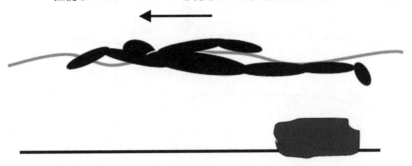

図1－3－9

　　b　ディフェンシブスイム（身を守るための泳法）

　　　　仰向けになり足を下流側にして、前方に障害物などがないか確認し、体を防御しながら流される方法。

　　　　流れが速い場合には、無理に泳ごうとせず楽な体勢を保つ。

　　　　目標（エディー等）に向かってフェリーアングルを保ち、流されないように手をかけば、より速く目標に近づくことができる。前方に岩が迫ってきたら、足で蹴って横に避けて通過する。体勢を崩したら、手をかき再び足を下流に向け、この姿勢を保つようにする。

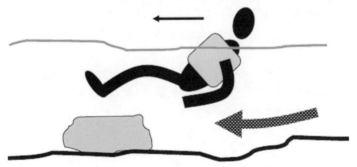

図1－3－10

(ウ)　活動区分

　　　　特殊な領域における特殊な救助活動となる流水救助においては、安全管理上、救助者の訓練レベル、実態としての知識レベル、実態としての

　技術レベル、携行資器材や装備品の違いに応じて活動区域を明確に以下の3エリアに区分し、活動を制限すべきである。

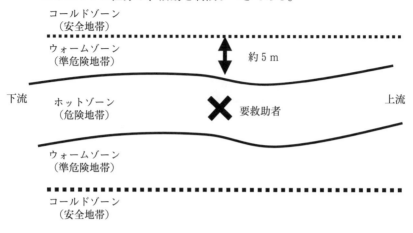

図1－3－11

a　ホットゾーン（危険地帯）

　　救助活動時に最も危険なエリアとなる流水内及び流水面。ホットゾーンで活動する救助者は、流水に関する危険性を認識し、自己防衛能力を備え、高度な技術と知識をもって流水救助に当たる能力をもった者に限定する。

b　ウォームゾーン（準危険地帯）

　　流水救助中最も事故発生確率が高く、常に流水域に転落、引き込まれが生じる可能性をもった、水際（水線）から内陸に向かって約5mの地域帯。危険性はホットゾーンと等しいため、完全な装備をして進入することはもちろん、一定の訓練を受けて自己防衛能力を備えた者で、ホットゾーンで活動する救助者を的確にサポートできる能力を備えた者に活動を限定する。

c　コールドゾーン（安全地帯）

　　ホットゾーン、ウォームゾーン以外の、水際から離れた場所で、ホットゾーン、ウォームゾーンの救助活動を支援する場所。特に流水救助専門の装備は不要である。

㈎　スローバッグによる救出

　　余長を十分とり、大声で呼びかけをしながら、要救助者をロープが通り越すように投げ、ロープをつかませる。要救助者がロープをつかんだ

ら、振り子の要領で岸側やエディーへと寄せる。また、流れが強い場合、救助者が下流側へと移動しながら岸に寄せることもある。

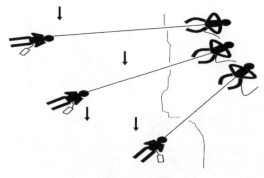

図 1 － 3 －12

(オ)　ロープを用いた救出方法（テンション・ダイアゴナル）

河川に対し、ロープを斜めに設定する。ロープを斜めに設定すれば、要救助者が下流に向かってロープ伝いに岸側に寄ることができる。図 1 －3 －13のように河川に対し直角に設定すれば、要救助者は河川の中から抜け出すことはない。

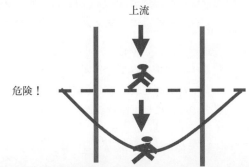

図 1 － 3 －13　水平にラインを張った場合

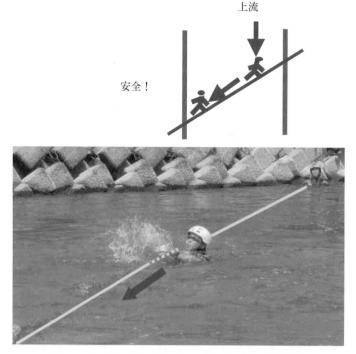

図1－3－14　テンション・ダイアゴナルの場合

(カ)　各隊の配置

　　対岸へロープを渡し、テンション・ダイアゴナルを設定する。下流には
　スローバッグを装備した下流域活動隊1を配置する。さらに下流域活
　動隊1の下流には下流域活動隊1が失敗したときに備え、下流域活動隊
　2を配置する。

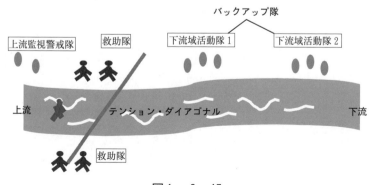

図1－3－15

(3)　支援隊

　ア　上流監視警戒隊

　　　常に一定方向の流れがある流水救助活動においては、救助現場の上流側に、必ず上流監視警戒隊を配置する。この上流監視警戒隊は、上流から漂着する可能性がある救助活動の妨げとなる漂流物の警戒や、上流からやってくる河川利用者を管理する役目を負う。

　　(ア)　急流救助用救命ボートの搬送

　　(イ)　河川の岸辺等からの漂流物（流木等）の監視、活動隊員及び要救助者の監視並びにロープ展張活動

　　(ウ)　その他必要な支援活動

　イ　下流域活動隊

　　　救助活動中に救助者又は要救助者が下流側に流されることを想定して、救助現場の下流側には必ず下流域活動隊（バックアップ）を配置する。このバックアップは、バックアップ隊員であったり、バックアップ隊（チーム）であったり、ボートや展張線といった救助システムであったりと、環境と救助事案に適した形態で配置する必要がある。

　　　現場から下流の橋梁、せき等に活動拠点を設定し、上流で活動するバックアップ隊員の配置位置を越えて流された要救助者や活動隊員に対するバックアップ活動を行う。

2　流水域における典型的な事故

　流水救助活動に当たる者は以下の典型的な事故状況を十分に理解し、現場の状況に応じて安全かつ的確な対応が可能な能力を維持しなければならない。また、典型的な事故を防ぐための技術を認識し、実行できる必要がある。

(1)　溺水

(2)　捕捉（エントラップメント）

　　脚部捕捉、身体捕捉、ロープ等による捕捉など

(3)　漂流

3－5　流水救助活動のポイント と安全管理

1　流水救助活動のポイント

⑴　流水救助用の個人装備（第Ⅳ編第1章「個人資器材」参照）を着装していない隊員は、原則として、急流河川の水際での活動は行わない。

⑵　命綱を直接身体に結着することは、原則として避けるものとする。ただし、活動現場の状況により、やむを得ず結着する場合は、急流に流されたときに命綱を緊急解除できる確保要領とする。

⑶　活動現場に近い上流には、川辺等からの漂流物の監視、活動隊員及び要救助者の監視並びにロープ展張活動を任務とする支援隊を配置し、監視させる。

⑷　河川の下流には、要救助者や活動隊員が流された場合に備え、スローバッグ等（投げ込み可能なロープ類を含む。）を持ったバックアップ隊員を活動現場に近い下流に複数配置する。また、要救助者や活動隊員がバックアップ隊員の配置位置を越えて流された場合を想定し、活動現場から下流の適宜な場所に、下流域のバックアップを任務とする支援隊を配置する。

⑸　上流から下流までの各出場隊は、携帯無線及び車載無線を活用して、効果的な連携を図る。

2　安全管理

⑴　活動に当たり、必ず上流側に上流監視警戒隊を配置して、流木等の危険要因の発見に努める。

⑵　要救助者を救助する場合又は活動隊員が急流河川に入る場合には、必ず下流域活動隊（バックアップ隊員）を配置する。

⑶　ウエイトの装着は厳禁とする。

⑷　隊員が急流に流された場合、隊員の装着している装備の端末等が急流河川の中の岩や流木等に引っ掛からないように端末等の処理をしておく。

⑸　ボートを活用して救助する場合には、必ずロープでボートの確保をとり、陸上からのロープ操作でボートの操縦を行う。

⑹　現場では急流の音により指示、命令等が聞き取りにくくなるので、拡声器、笛、合図等を駆使して意思の伝達を確実に行う。

⑺　夜間は、照明器具等を十分に活用し、活動に必要な明るさを確保するとともに、陸上からの救出手段を優先して実施する。

⑻　各隊の指揮者（隊長）は、隊員の行動を常に監視し、安易に川岸に接近させない。

⑼　活動隊員間の連絡手段の確保や合図の確認を行う。

⑽　ボートによる救助において、要救助者を引き上げる場合は、転覆に留意して引き上げる。

⑾　急流の中に入り活動する隊員が命綱を直接身体に結着して活動することは、一般的な消防活動での身体確保と異なり、それ自体が二次災害につながるおそれがある危険な活動であることを理解する。

⑿　一般人が川岸に近づいて、二次災害が発生することがないように現場広報を行う。

3－6 中州救助

　台風、大雨、洪水等風水害時には、河川が増水し中州に人が孤立させられたり、河原や浅瀬から人や車が脱出できなくなったりすることがある。中州救助における活動環境は、急激な河川の増水による強い水の流れ（激流）が予測され、流水救助活動の中でも、危険性、困難性の高い活動といえる。

〈注意事項〉
- 激流となっていることが予測されるため、二次災害の発生には十分注意する。
- 水が迫る恐怖からパニックが起きることも考えられるため、要救助者を落ち着かせる。
- 要救助者が多数いる場合は、救助する順番を巡りトラブルが発生しないように配意する。
- 潜水隊員が泳いで中州へ向かう場合は、必ず確保ロープを付け、泳力のより優れた隊員で行う。

〈救助方法（例）〉

1　水の中を歩かせて救助する方法

　増水の状況が比較的初期の段階であれば、複数の人が寄り添うことで水の中を歩くことができる。

図1－3－16

(1)　要救助者にライフジャケットを装着し、必要に応じて確保ロープを設定する。

(2)　水の中を歩くことに支障となる手荷物等は、あきらめるように説明する。

(3)　しっかりと前の人をつかみ、重心を低くして歩くように指導する。

2　救命ボート等を利用して救助する方法

　逃げ場を失った要救助者の心理状態には、水に対する恐怖心も考えられる。水に触れることなく救助できる方法としては理想的といえる。しかし、転覆等の二次災害を防止することも重要である。

図 1 － 3 － 17

(1)　水深を測定し、船外機使用の可否を判断する。

(2)　横波を受けると転覆の危険性があるため、常に船首を上流に向けるように操船する。

(3)　転覆を避けるため、乗船人数やバランスに注意する。

ポイント

1　要救助者のライフジャケットは、乗船する前に中州にて装着する。
2　操船困難な場合は、ロープを結着して誘導する。

3　ロープブリッジを展張して救助する方法

　対岸と対岸あるいは中州と対岸にロープを展張して、ロープブリッジ救出の要領で救助する。

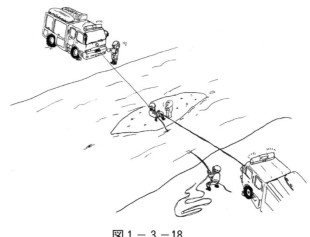

図1－3－18

(1)　救命索発射銃等を使用するなどして、対岸と対岸あるいは中州と対岸にロープを渡す。

(2)　車両や樹木等の強固な物を支点として、ロープブリッジを展張する。

Q&A

救命索発射銃をより遠くへ発射する方法は？

1　ゴム弾を挿入する前に銃口内のクリーニングを十分行う。

2　発射角度（35度）を正確に調整し、発射時の反動力に負けない姿勢をとる。

3　摩擦抵抗を減らすためリードロープは収納袋から出して整理する。

　　ミロク式救命索発射銃　Ｍ－63型　到達距離90ｍ（平成11年検証結果から）

4　ヘリコプターを利用して救助する方法（3－7「航空機との連携」参照）

　陸上、水上から中州へ進入できない場合、又は救出困難な場合は航空機隊と連携し救助する。

図 1 - 3 - 19

(1) ヘリが接近すると騒音が激しくなるため、塔乗に際しての指示事項はヘリ接近前に説明する。

(2) プロペラのダウンウォッシュ（吹き降ろし風）により、水中に転落しないように注意する。

ポィント

通常運航時における最低気象条件
1 視程 5 km以上（緊急時は1.5km以上）であること。
2 雲高は地表又は水面から300m以上あること。
3 風速が約17m毎秒以下であること。
※ 上記条件があれば安全に飛行できるが、気象等を総合的に判断し、飛行可否の決定は機長が判断する。名古屋市消防局では、細部の飛行条件は航空連携活動要領に記載している。

3－7　航空機との連携

　陸上又は水上から活動困難な場合は、航空機と連携し機動性を生かした水難救助活動を行う。航空機による救助は危険を伴う方法であり、活用の可否については指揮官等と慎重に検討する必要がある。

1　連携内容

(1)　沖合における航空機の墜落、船舶の衝突及び転覆等に際し、消防艇よりも早く現場に到着できる機動性を生かし、潜水隊員の搬送、上空からの検索救助活動を行う。

(2)　海、河川、湖等において事故発生場所が特定できない場合、又は要救助者が遠方へ流された可能性がある場合等に、上空から広範囲な検索救助活動を行う。

(3)　台風、大雨、洪水等風水害時の増水により、家屋又は中州等に取り残された者を上空から検索救助する（航空機の運航については飛行条件を満たした場合に限る。）。

(4)　その他、指揮官等が航空機を活用した連携活動を最善の手段と判断した場合。

2　航空機（ヘリコプター）による救助方法の選択

　航空機による救助は様々な危険（リスク）があり、活用の選択を最終手段としているレスキューチームもある。

Q&A

１回に搭乗できる人数は何人か？

名古屋市消防局の消防ヘリコプターの定員は、操縦士を含め13名となっている。消防航空隊は、通常、航空救助員を含め５～６名が搭乗し活動するので、要救助者は最大７名程度搭乗することができる。ただし、積載物、燃料の量が増えるほど搭乗人員は少なくなり、更に夏場になると空気密度が薄くなる等の理由からエンジンパワーが低下するので搭乗人員は更に制約される。

災害時において消防ヘリコプターは常に一定の燃料・搭乗人員で活動するのか？

災害は、一つひとつが時と場所を異にし、消防ヘリコプターは、それぞれの災害に的確に対応する活動が求められる。

長時間飛行しなければならない場合（山岳遭難者の捜索等）は、搭乗人員を少なくし、燃料をたくさん搭載する必要がある。また、多くの人員を救助し、輸送する場合には燃料を少なくしなければならない。

なぜなら、ヘリコプターは自重量を含めた最大離陸重量が定められているため、いくらでも積み込むということはできないからである。

言い換えると、ヘリコプターは飛行目的に合わせて、搭乗する人数や搭載する燃料を調整する必要があるということである。

そのため、航空連携の出動時における消防ヘリコプターは、災害の発生場所（飛行距離）、活動内容（飛行時間）及び現場投入する航空連携隊員の装備と人数（積載重量）を総合的に判断し、最も合理的な量の燃料を搭載し、必要かつ最小限の搭乗人員と装備で出動することとなる。

なお、通常では目安として飛行時間約２時間30分（航続距離400km程度）で給油が必要となる。

第Ⅱ編

潜水救助活動

第1章　基礎知識

1－1　水中での活動

　普通に生活している陸上と水中では、身体をとりまく環境はかなり異なる。何がどのように異なるかを知り、正しい対処ができなければ、二次災害を引き起こすおそれがある。救助活動を円滑に行うためにも、正しく認識しておく必要がある。

1　視覚について

　マスクをつけ、物体を見ると光の屈折率が変わってくるため、1～2m以内にある物体は約1.5倍大きく、物が近くにあるように見える。すぐ近くにあると思って手を触れようとしても、手が届かなかったりするのはこのためである。

　水中に入った太陽光線は次第に吸収され、透明な水中では水深4.5mで照度が4分の1に、水深15mで8分の1にも減少する。また、赤色が最も吸収されやすいのに対して、青色は最も吸収されにくい。

　濁った水中では透明度は著しく減少し、ほとんどゼロになることもある。このような水中でよく見える色は、蛍光性のオレンジ、次いで白、黄の順である。

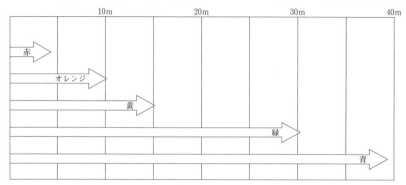

図2－1－1　深さと色の消失の関係

2　聴覚について

　空気中で音は毎秒約330mの速度で伝わるが、水中ではこれよりはるかに速く、約4倍の毎秒約1,400mとなる。人間は、右耳と左耳に音の届くわずかな時間の差で音の方向を判断しているが、水中では、音の伝わるスピードが速いため、この時間差が小さくなり、音源の方向が判別しにくくなる。そのため、船が近づいたのにその位置が認識できず、そのまま浮上してスクリューで大けがをする等の二次災害を起こすおそれがある。

3　体温について

　大気中では、体温は皮膚の表面で接している空気に熱が移動したり、汗が蒸発するときに皮膚から温度を奪うことで低下する。ところが、水中では音と同じように温度の伝わり方も速いため、体温は空気中の約25倍の速さで奪われていく。わずか数十分の間、水中にいるだけでも、体温の低下による疲労、こむら返り又は他の原因によるパニックの誘発などにより災害現場における二次災害につながっていく。こういった二次災害を避けるためにも水温に適したウエットスーツ、ドライスーツなどを着用し、体を保温することを考えるべきである。

4　水圧について

　普通に生活している陸上においても、体には空気の圧力（大気圧）が1気圧かかっている。ところが、人間の体はほとんどが水分で形成されているため、圧力があらゆる方向からかかっても、それなりのバランスが保たれ、つぶれることはない。

　これは水中でも同じことである。水は空気よりずっと重いので水深10mでは、水圧（1気圧）＋大気圧（1気圧）で2気圧がかかっていることになる。これらの圧力によって体はつぶれないが、体内にある空間には影響を受けるところが出てくる。中でも耳や肺には大きな影響がある。例えば、エレベーターの中や高山の上で耳がツーンと圧迫された経験があると思うが、これは気圧の変化によるもので、潜水活動においても同様の現象が起こる。潜降するに当たり個人差があるが、早い人で2m程から水圧により鼓膜が圧迫される。そこで「耳抜き」というテクニック（第Ⅲ編第1章1－5「耳抜き要領」参照）が必要になる。耳抜きのように空間内の圧力を周囲の圧力と平衡させることを圧平衡という。また、潜降する場合のみではなく、浮上の際においても同じ現象が起こる場合がある。これをリバースブロックという。このリバースブロックに対し

ても耳抜きで対処できる（1－2「潜水活動が体に与える影響」参照）。

　スキューバダイビングの器材は、タンク内の高圧空気を深度に等しい圧力に変える働きがあるため、水深が何mのときでも肺は常に圧平衡される。そのため、水中で高圧空気を吸い、呼吸を止めたまま水面まで浮上すると肺破裂を起こす。水難救助現場における例としては、潜水活動中要救助者を発見し、早く陸上に救出しようと焦るあまり通常の浮上速度以上で浮上した場合に、圧平衡のスピードが間に合わず肺破裂を起こす危険があり、二次災害となってしまうので気をつけなければならない。

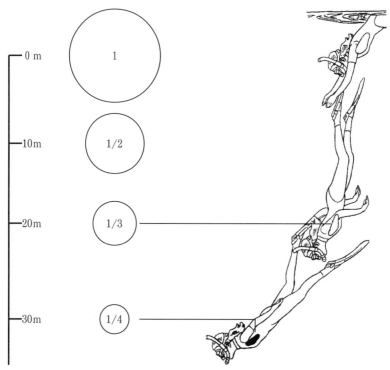

図2－1－2　圧力と空気の体積の変化

5　スキューバダイビングについて

　スキューバとは、自給式水中呼吸装置（Self-Contained Underwater Breathing Apparatus「ＳＣＵＢＡ」）、つまり、高圧の空気を詰めたボンベから、周囲の圧力に応じて自動的に圧力を調節、しかも必要な量の空気を供給することができるレギュレターで呼吸することにより、水中活動を可能にしたシステムの

ことである。

Q&A

アクアラングという言葉をよく耳にするが？

　アクアラングとは、いわゆる商品名で、広く日本で普及していることからそう呼ばれている。つまり、スキューバを行うときに使う道具の商品名がアクアラングである。

(1)　スキューバ潜水の特質

　　スキューバ潜水は、潜水深度、滞底時間、水中における作業の内容及び環境条件により影響されるので、潜水関係員は、スキューバ潜水の特質とその限界を十分理解していなければならない。

(2)　適応する作業

　　ア　船の底（水中）の清掃、点検

　　イ　小規模の修理

　　ウ　水難者の検索・救助活動（消防・海上保安庁）

　　エ　証拠品・遺留品の探索、行方不明者の捜索（警察）

(3)　長所

　　ア　機動性に富む。

　　イ　軽便である。

　　ウ　深度の調整が容易である。

　　エ　底質による影響が少ない。

(4)　短所

　　ア　潜水深度、潜水時間に制限がある。

　　イ　呼吸抵抗がある。

　　ウ　通信連絡が困難である。

　　エ　寒冷時の潜水作業に制限がある。

　　オ　潮流の影響が大である。

ポイント

　名古屋市消防局では、潜水活動基準（第2章2−2「潜水救助活動基準」参照）に従い、潜水活動を行っている。

1－2　潜水活動が体に与える影響

　潜水活動を行うに当たり、人体に与える影響を熟知することは潜水活動の安全管理を行う上で最も重要なことである。危険要素の中で大別すると生理的な側面と精神的な側面とに分けられる。生理的な危険要素としては、潜水活動中にかかる水圧に加え圧縮された空気を吸入することにより、大気下においては考えることのできない高気圧障害が発生する。また、精神的な要素としては、日頃生活をしている大気中とは違い、空気の供給が止まれば即、死につながるため、水中ではその精神的なストレスは大きく、訓練不足による不安や不測の活動障害の発生によりパニックを起こしてしまう可能性がある。ここでは、潜水活動における人体に対する障害を説明する。

1　生理的な要素

⑴　圧外傷

　　圧外傷とは、一つの壁の外側と内側の圧力の差により、圧力の低い側に対して、又はその壁自体に損傷を与える障害のことをいう。潜水時においては、その潜降時に起こるものをスクイーズ、また浮上時に発生するものをリバースブロック（リバーススクイーズ）と呼んでいる。

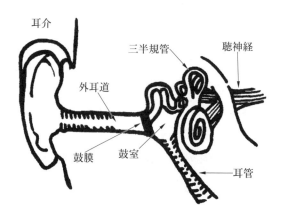

図2－1－3

ア　外耳圧外傷

　　鼓膜までの外耳道の空気又は浸入した水の加圧により外耳道に障害を起こすもので、主に潜降時に起こる。外耳炎等の既往症があったり、窮屈なウエットスーツのフードの着用が原因で起こる。潜降の停止でそれ以上の悪化を防ぐ。また、潜水前後の耳掃除は控える。

イ　中耳圧外傷

　　これは、潜降時に耳抜きの不良からくる耳痛（内耳の毛細血管の損傷）や、さらに重症のもので鼓膜穿孔となった症状のもの。この症状の原因は、鼓膜を境に外耳内の水圧と内耳内の圧力の差を潜降時に、耳抜き（バルサルバ法：鼻をつまむ方法）等で行っても当日の体調不良（風邪、中耳炎）や生まれつき耳管が狭い等の理由により、耳管から空気を中耳内に送れず外圧に負け、耳痛又は重症だと鼓膜の損傷を起こすこととなる。また、浮上時においても同じ原因から耳痛を起こす場合もある。これをリバースブロックと呼び、上昇の一時中断又は耳抜きにより回避する。

　　いずれにしろ、中耳圧外傷の予防には、日頃の体調管理はもとより、耳管の通りをよくするためにも訓練の回数を増やすことに努める。また、管理者は各隊員の生まれつきによる耳管の異常を検診により把握し、潜水隊員の選考の際にその適性を考慮しなければならない。

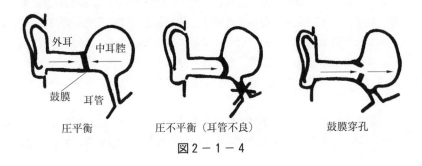

圧平衡　　　　　　圧不平衡（耳管不良）　　　　　鼓膜穿孔

図２－１－４

ウ　内耳圧外傷

　　この障害は、ほとんどの場合潜降時に発生する。またこの症状は、中耳圧外傷と類似し、発生の原因も潜降時に耳抜きのバルサルバ法を実施した際に体調の不良等の原因で無理に行ったため発生する。めまい、耳鳴り、感音性難聴を起こし、重症の場合はダイバーとしての生命も奪われることとなる。予防としては、風邪等の体調不良時（特に耳抜きの不良時）は無理に潜水活動に従事しないことが肝要である。

　エ　副鼻腔圧外傷

　　この障害は、潜降時、浮上時の両方に発生する。鼻炎（アレルギーによ
　るもの）、副鼻腔炎などを起こしている場合に、副鼻腔内の空気の圧力変
　動に空気の交換が行われないために発生する。症状は前額部の痛みが主な
　ものである。潜水を停止することにより回避する。

　オ　その他

　　その他のものとして、歯のスクイーズがある。これは、歯の治療中の者
　が潜水活動を実施すると、歯の内部に残っている空気が潜水中（潜降、浮
　上時）に膨張、圧縮され神経を刺激し歯痛を起こすものである。

(2)　空気塞栓症（エアー・エンボリズム）

　　空気塞栓症とは、まず潜水時における肺破裂（肺過膨張症候群）を起こす
　ことが前提となる。肺破裂＝エアー・エンボリズムと勘違いされがちである
　が、肺破裂を起こすことにより空気塞栓症が発生する。

　　肺破裂の最大の原因は、ダイバーが潜降し、浮上時に呼吸を止めながらの
　上昇（故意的なものは論外であるが、他の作業に気を取られての無呼吸での
　浮上や、潜水用具の故障によるハイスピードの浮上、潜水中のセカンドステー
　ジ（第Ⅳ編第1章1－6「スキューバセット」参照）の故障による過呼気に
　よるもの等）により、肺内部の圧縮空気が水圧の減少で体積を膨張させるが、
　その逃げ場がなく肺の許容体積を上回り肺を破裂させる。この肺破裂により、
　第2段階として空気塞栓症が進行する。肺破裂後、肺胞毛細血管内に空気が
　流入し、肺静脈から左心系で全身に循環する。気泡は主に脳内の血管を塞栓
　し、さまざまな症状を起こす。症状としては、意識障害、意識消失、協調運
　動能力低下、脳神経症状、麻痺、知覚異常等で通常水面到着後10分以内に発
　症する。

　　治療処置としては、再圧室を保有する医療機関への搬送が必要である。管
　理者は万一に備え、再圧室を保有する医療機関との連絡を密にする必要があ
　る。

(3)　減圧症

　　この障害は、高水圧環境下において長時間、圧縮空気を吸入することによ
　り不活性ガスが人体の組織内に溶解し、その後急激な減圧（浮上）により不
　活性ガスが気泡を形成し、この気泡の循環により組織の障害を起こすもので
　ある。その症状は、軽微なもので関節障害（関節部の掻痒感を含む。）、意識
　障害、神経障害、骨死、重症で死亡するケースもある。

　　防止策として、潜水活動を無減圧の範囲内で行うように徹底をすること、

また、無減圧潜水であっても、潜水時間と深度によっては、水深 3 m での安全停止の励行をすること等が挙げられる。さらに、安全管理者又は現場指揮者は、潜水活動を過激な運動行為と見なし、長時間の潜水活動をさせないような体制が必要となる。

2　精神的な要素

　精神的な危険としては、パニック（意識障害）が最大の障害といえる。例えば、水中のパニックは急浮上をもたらしこれにより肺破裂を起こしたり、水中作業の滞り、又は一緒に潜っているバディにまで危険を及ぼすこともあり得る。このパニックを引き起こす要素として、生理的な側面と精神的な側面があり、パニックを起こさないためにもこの危険要因をなくしていく必要がある。精神的な側面としては、訓練不足によって精神的に不安な状態で自己の能力以上の活動を強いられる場合、また、活動をしている隊員の予測を超えた事態の発生等によりパニックを引き起こす。このような要因は訓練により回避できる場合が多く、泳力向上のための水泳訓練、トラブル発生時におけるリカバリーのための息こらえ（インターバル訓練）、トラブル回避訓練等を行う。

　また、このような要因以前に水・海川が怖い、水泳ができない等決定的な苦手意識も潜在的な危険となり得るので、管理者は潜水活動に従事させる隊員の選抜に特に注意を払う必要がある。また、いくら精神的に屈強な潜水隊員であっても、生理的な要因があればパニックを起こす可能性があるため低血糖、疲労（睡眠不足を含む。）、脱水状態、薬剤の服用、うつ熱状態等の体調不良者に対しても注意を払う必要がある。管理者は、体調不良の者を潜らせることのないように、毎日の体温測定、一連の様式による健康状態の自己申告を行わせる等の事前管理を行い、隊員の健康状態を把握することも重要である。また、異常に寒冷な水温下での潜水活動もパニックを起こす要因になるため、ドライスーツの着用などにより対応する。

第2章　現場活動

2－1　潜水救助活動の概略

1　各隊の装備・活動例

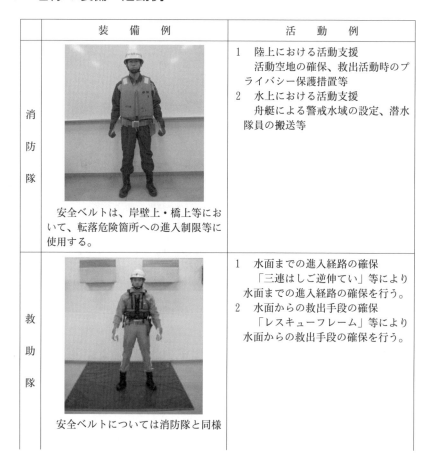

	装　備　例	活　動　例
消防隊	安全ベルトは、岸壁上・橋上等において、転落危険箇所への進入制限等に使用する。	1　陸上における活動支援 　　活動空地の確保、救出活動時のプライバシー保護措置等 2　水上における活動支援 　　舟艇による警戒水域の設定、潜水隊員の搬送等
救助隊	安全ベルトについては消防隊と同様	1　水面までの進入経路の確保 　　「三連はしご逆伸てい」等により水面までの進入経路の確保を行う。 2　水面からの救出手段の確保 　　「レスキューフレーム」等により水面からの救出手段の確保を行う。

| 特別消防隊 | 
※　潜水隊員以外は救助隊員と同様 | ○　潜水活動
　現場にいる特別消防隊が全隊集結し、潜水隊員班、陸上隊員班（状況に応じて水上隊員班）に改組する。潜水隊員班は潜水装備を整え潜水活動に当たり、陸上隊員班は陸上から潜水活動の管理に当たる。 |

2　水難現場活動組織図と活動イメージ図（名古屋市消防局の場合）

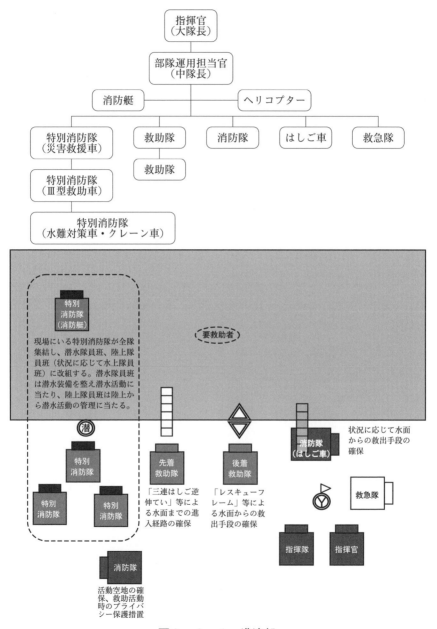

図2−2−1　港湾部

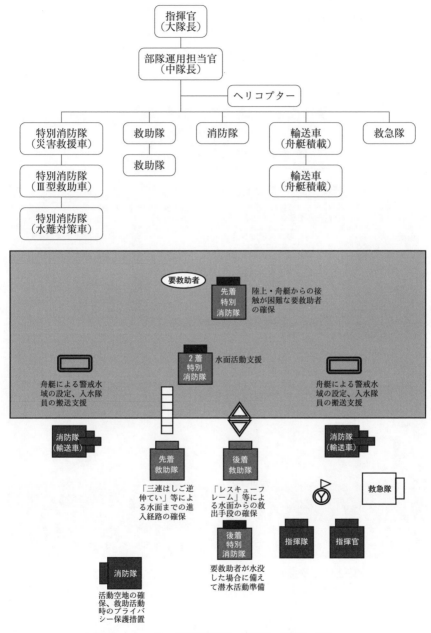

図2 - 2 - 2 港湾部以外（河川、運河、池）

3　特別消防隊指揮系統図

　特別消防隊は、水難事故救助現場では、潜水班、潜水隊員を管理する班、陸上から支援する班の三つに分けて活動する。

(1)　特別消防隊系統図

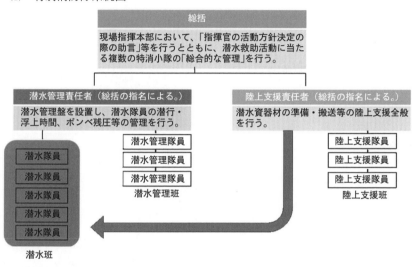

図2－2－3

(2)　現場活動イメージ

潜水班と陸上支援班

潜水管理班

2－2　潜水救助活動基準

　特別消防隊が行う水難事案における潜水活動（水面下に潜降して行う活動）は、次の基準の下に行うこととする。

区　　　分	基　　　　　準
原　　　則	潜水活動は高気圧作業安全衛生規則（昭和47年労働省令第40号）第18条第1項第2号に規定する浮上停止時間を求める計算式により算出される浮上を停止させる時間（以下「浮上停止時間」という。）を要しない範囲内にて行う。
水　　　深	20m以下とする。
潮流・流速	1ノット（約0.5m／秒）以下とする。
波浪・うねり	気象庁風力階級等指定による風波階級3（波高0.5mを超え、1.25m以下）及びうねり階級2（波高2m未満で長く弱いうねり）以下とする。
気　　　象	暴風、波浪、高潮、津波、大雨、洪水警報が発令されていないこと。
活　動　範　囲	1　陸上又は舟艇より水平距離30m以内とする。 2　航路内では活動しない。
活　動　時　間	1　水深10m未満での潜水活動は活動時間に規制を設けない。 2　原則を超えて活動が必要であると判断される場合は、指揮官及び特別消防隊の小隊長の協議によることとし浮上停止時間を設けることとする。 3　浮上を終了した者に対して、当該浮上を終了した時から14時間は、重激な業務に従事させないこととする。
そ　の　他	水難事案が、上記活動環境を超え、状況が困難な場合は、指揮官及び特別消防隊の小隊長の協議によることとする。

高気圧作業安全衛生規則に規定する浮上停止時間を求める計算式

特別消防隊では通常の空気ボンベを使用して潜水活動を行うため、浮上停止時間を求める際には不活性ガスとして窒素のみを考慮し計算を行っている。

- 計算式（ビュールマンZH－L16モデル）

$$P_{N2} = (P_a + P_b)N_{N2} + RN_{N2}\left(t - \frac{1}{k}\right) - \left\{(P_a + P_b)N_{N2} - Q_{N2} - \frac{RN_{N2}}{k}\right\}e^{-kt}$$

　　P_{N2}：不活性ガス（窒素）分圧［kPa］

　　P_a：大気圧［kPa］（基本100kPa）

　　P_b：変化前の環境圧力（ゲージ圧力）［kPa］

　　N_{N2}：不活性ガス（窒素）濃度［％］

　　R：加減圧速度［kPa/min］（潜降は正、浮上は負）

　　t：当該工程に要する時間［min］

　　k：$\log_e 2$/不活性ガス（窒素）の半飽和時間

　　Q_{N2}：変化前の不活性ガス（窒素）分圧（ここでは窒素）［kPa］

　　e：自然対数の底

- M値（maximum allowable value）の計算式

$$M = \frac{P_a + P_c}{B} + A$$

　　P_a：大気圧［kPa］（基本100kPa）

　　P_c：変化後の環境圧力（ゲージ圧力）［kPa］

　　A：窒素a値

　　B：窒素b値

- 16に分類した半飽和組織と関連数値

半飽和組織	No. 1	No. 2	No. 3	No. 4	No. 5	No. 6	No. 7	No. 8
半飽和時間	5	8	12.5	18.5	27	38.3	54.3	77
窒素 a 値	126.885	109.185	94.381	82.446	73.918	63.153	56.483	51.133
窒素 b 値	0.5578	0.6514	0.7222	0.7825	0.8126	0.8434	0.8693	0.891
半飽和組織	No. 9	No.10	No.11	No.12	No.13	No.14	No.15	No.16
半飽和時間	109	146	187	239	305	390	498	635
窒素 a 値	48.246	43.709	40.774	38.68	34.463	33.161	30.765	29.284
窒素 b 値	0.9092	0.9222	0.9319	0.9403	0.9477	0.9544	0.9602	0.9653

2－3　潜水救助活動の原則

1　潜水活動の原則

⑴　潜水活動は、関係者又は目撃者の情報に基づき正確に現状を把握した後、救助方法を決定して実施する。

⑵　潜水隊員の編成については、各種検索が可能である4名以上の潜水隊員により構成することを原則とする。

　また、潜水検索体制の確立には、陸上において不測の事態に対応するための潜水要員（スタンバイ隊員）を最低2名以上待機させるものとする。

⑶　緊急を要するときは、潜水隊員の編成をバディ潜水（組潜水）2名1組で行うことができることとする。ただし、目撃者の確実な情報が得られ、周囲の状況を考慮した結果、速やかに潜水検索活動を行う必要があるときに限る。

2　潜水活動方針の決定

⑴　水難事故において、出動した特別消防隊の小隊長は、潜水隊員と協議のうえ活動内容を決定し、指揮官等へ具申するものとする。

⑵　上述の決定すべき活動内容は、おおむね次のとおりとする。

　ア　潜水リーダー、潜水隊員の指名

　イ　入水場所

　ウ　検索及び水面又は水中の救出方法

　エ　陸上からの支援

　オ　陸上への引き上げ場所及び方法

　カ　その他、舟艇等による支援の可否等

3　潜水活動環境

　潜水活動は、無減圧潜水を原則とし、潜水活動基準の下に行うこととする。

4　潜水活動区域の警戒

　潜水活動現場において活動区域を警戒する必要がある場合は、出動した消防艇又は小型舟艇に警戒区域の監視に当たらせるものとする。

Q&A

＜要救助者の水没に関する確実な情報があるか？＞
要救助者の水没に関する確実な情報とは？

　例えば「目前で人が沈んだ」「目前で自動車が岸壁から転落した」等の目撃者からの直接かつ具体的な情報。

不確定な情報では潜水活動はできないのか？

　潜水活動は、水中という特殊な環境下での活動であるため、活動時間・回数に制限が設けられている。不確定な情報を基に活動を行うと、繰り返し潜水等による潜水事故の可能性が高くなるため、確実な情報を基に実施することが望ましい。

潜水隊員は水面検索活動は行わないの？

　潜水活動の実施が不明確な段階では、現場にいる特別消防隊の全潜水隊員を合流待機させる必要がある。潜水活動を実施しないと判断された後であれば、潜水隊員を広範囲に分散して水面検索活動に従事させることは可能である。

2－4　現場活動要領

1　現場活動要領

(1)　現場到着時の活動状況

　ア　小隊長の活動

　　(ア)　情報収集（転落位置、要救助者の数、潮の干満）

　　(イ)　潜水時間の決定（水深、水温）

　　(ウ)　潜水隊員の人選

　　(エ)　検索法の決定

　　(オ)　エントリーポイントの決定

　　(カ)　河川、湖の場合、舟艇の準備（すばり・とび口の活用）

　　(キ)　河川の場合、下流にて目視捜索隊を依頼

　　(ク)　救命胴衣の着装

　　(ケ)　A旗の準備

　イ　陸上隊員の活動

　　(ア)　ダイバーフォン陸上局設定

　　(イ)　水中スピーカー設定

　　(ウ)　フローティングロープ準備

　　(エ)　潜水活動管理表の準備（**別表**）

　　(オ)　救命胴衣の着装

　ウ　潜水隊員の活動

　　(ア)　ウエットスーツ着装

　　(イ)　潜水セット準備

　　(ウ)　検索要領の徹底

(2)　エントリー時の活動状況

　ア　小隊長の活動

　　(ア)　ボンベ圧力確認

　　(イ)　エントリー方法の決定

　イ　陸上隊員の活動

　　潜水活動管理表の記入（**別表**）

図2－2－4

　ウ　潜水隊員の活動

　　㋐　先に１名が何らかの方法によりエントリーし、水面で安全管理

　　㋑　順次、エントリーポイントからエントリー

　　㋒　潜降ポイントへ移動

図２－２－５　岸壁から

図２－２－６　はしご車から

図２－２－７　三連はしご逆伸てい及び単ばしごから（岸壁からの落差が約５ｍ以上の場合）

Q&A

先に１名でエントリーした隊員の役割は？

　エントリーポイントの水深及び水中の障害物の確認を行い、後続の隊員が安全にエントリーできるように管理する（当然この隊員にあっては高所からのエントリーはしない。）。

(3)　救出時の活動状況

　ア　小隊長の活動

　　㋐　ダイバーフォンを活用し、潜水隊員との連絡を常にとる。

　　㋑　潜水隊員の排出する呼気（気泡）から目を離さない。

　　㋒　河川の場合、流れを考慮した位置に救出する。

イ　陸上隊員の活動

　　潜水活動管理表の記入（**別表**）

ウ　潛水隊員の活動

　(ア)　潜水隊員は、隊員間の連絡を密にし、陸上へ随時報告する。

図2－2－8

　(イ)　車両転落の場合は、水没した車両の状況（横転状態、転覆状態、海底に車両の一部が刺さり直立状態等の不安定な状態）を陸上局に必ず報告する。

　(ウ)　河川の場合は、流れを考慮した位置に水面搬送し、救出する（舟艇に救出する場合もある。）。

はしごクレーン利用（陸上への救出）

Q&A

ダイバーフォンからの連絡は各潜水隊員と小隊長がとるのか？

　現場によってはダイバーの数が多数になる場合がある。ダイバー間の連絡は全てリーダー（ダイバー）にとらせ、陸上局との連絡は緊急時を除きリーダーと連絡をとった方が、混信がなくスムーズに連絡がとれる。

陸上局―――リーダー――┬――潜水隊員
　　　　　　（潜水隊員）　├――潜水隊員
　　　　　　　　　　　　├――潜水隊員
　　　　　　　　　　　　└――潜水隊員

⑷　エキジット時の活動状況

　ア　小隊長の活動

　　㈎　エキジット方法の決定

　　㈏　全員の浮上を目で確認

　イ　陸上隊員の活動

　　　ロープを下ろし、潜水セットを引き上げる。

　ウ　潜水隊員の活動

　　㈎　推進力を失わないようにセット、フィンの順に上げる。

　　㈏　手首にフィンを通し、はしごを登る。

図2－2－9　セットを
先に上げる方法

図2－2－10　装着したまま
はしごを登る方法

⑸　流れのある水域での潜水活動（潜水活動基準内）

　ア　アンカー設定

　　㋐　体力の消耗を防ぐことや、目標地点へ正確にアンカーを投入するため消防艇等を有効活用する。

　　㋑　大きな浮環は水流を受けて流されやすいため、小さい浮環や球型のブイを活用する。

　　㋒　アンカーが流されてしまう場合は重りを増加する。又は、ダンフォースアンカーを使用する。

　　㋓　さがり綱の編み込みは非常に困難なため、水深を測定し長さ調整を行ってから設定する。ただし、ダンフォースアンカーを使用する場合は、図2－2－12のような設定により水底にアンカーを突き刺すため、さがり綱は水深の約3倍の長さを必要とする。付属のチェーンはその自重でさがり綱の浮力によるアンカーの浮き上がりを防いでいる。

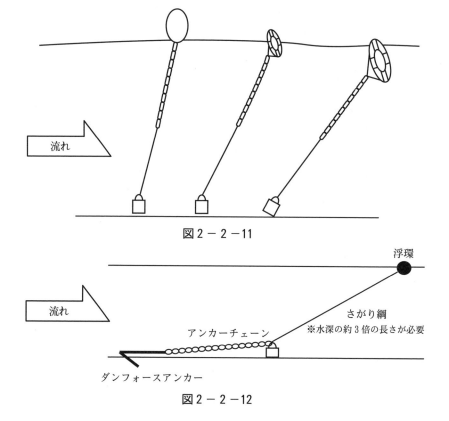

図2－2－11

図2－2－12

　　イ　エントリー

　　　㋐　アンカー設定位置の上流からエントリーし、水流に身を任せるように
　　　　ポイントまで向かう。

　　　㋑　下流からのエントリーは水流に逆らって泳ぐため、体力を消耗し空気
　　　　消費量を増大させてしまう。

　　　㋒　消防艇等が近づける場所は、舟からエントリーすることで、体力を温
　　　　存できる。

　ポイント

1　検索要領や残圧の確認等はエントリー開始前に行っておく。
2　多数の潜水隊員がアンカー（浮環）につかまると、アンカー（重り）が移動
してしまう。

　　ウ　潜水開始

　　　㋐　アンカー設定位置へは2人ずつ順番に向かい、ポイントに到着したら
　　　　直ちに潜降開始する。

　　　㋑　潜水隊員の集合は水底で行う（水面の浮環につかまって待機しない。）。

　　　㋒　潜水リーダーは全員の集合を確認した後、検索開始の合図を行う。

　　エ　要救助者発見時の搬送方法

　　　㋐　消防艇等が待機している場合は、できる限り船上に救助して応急処置
　　　　を行い搬送する。

　　　㋑　スタンバイ隊員は3点セットと自己確保ロープを装着し水面の搬送補
　　　　助を行う。

(6)　注意事項

　　ア　橋の下等は不法投棄された粗大ゴミが多く、潜水活動の支障となるため
　　　注意する。

　　イ　船舶の往来がある河川では、潜水水域の上流と下流に警戒船等を配備し、
　　　他船接近の警戒監視に当たる（警戒船にはA旗を掲げる。）。

　　ウ　水質の悪い河川での潜水活動には、汚染対策のためフルフェイスマスク
　　　及びドライスーツを活用する。

　　エ　上流からの漂流物との衝突に注意する。

**要救助者が流されてしまった可能性がある場合は、どこを重点に検索すれば
よいのか？**
1　流れの速い河川では、水没した要救助者が下流に流されてしまうことも考
　えられるが、いかなる場合でも水没地点周辺の検索活動を行う必要がある。
　実際に、水没地点の近くで要救助者を発見することが多い（水面と水底では
　流れの速さが違い、水底の流れは比較的穏やかな場合がある。）。
2　水没地点周辺の検索活動を実施しても要救助者発見に至らず、すでに下流
　に流された可能性が高い場合は、指揮官等と協議し潜水活動範囲を決定する。

別表

潜水活動管理表

年　　月　　日

潜水場所 _____

水深 ___ m　水温 ___ ℃　視界 ___ m　〜 ___ m

{ 満潮 / 干潮 }

隊員番号	ダイバーホーン感度	圧力 ボンベ容量	エントリー	活動	活動	活動	活動	活動	活動	活動	活動	ボンベ残圧	繰り返し潜水による浮上停止時間	浮上停止による浮上停止時間
1	5 4 3 2 1	MPa ℓ	MPa	MPa	MPa	MPa	MPa	MPa	MPa	MPa	MPa	MPa	1回目 最大深度 潜水時間 分	浮上停止（有・無） 水深 停止時間 分 休憩時間 分
2	5 4 3 2 1	MPa ℓ	MPa	MPa	MPa	MPa	MPa	MPa	MPa	MPa	MPa	MPa	2回目 最大深度 潜水時間 分	浮上停止（有・無） 水深 停止時間 分 休憩時間 分
3	5 4 3 2 1	MPa ℓ	MPa	MPa	MPa	MPa	MPa	MPa	MPa	MPa	MPa	MPa	3回目 最大深度 潜水時間 分	浮上停止（有・無） 水深 停止時間 分 休憩時間 分
4	5 4 3 2 1	MPa ℓ	MPa	MPa	MPa	MPa	MPa	MPa	MPa	MPa	MPa	MPa	4回目 最大深度 潜水時間 分	浮上停止（有・無） 水深 停止時間 分 休憩時間 分
5	5 4 3 2 1	MPa ℓ	MPa	MPa	MPa	MPa	MPa	MPa	MPa	MPa	MPa	MPa	5回目 最大深度 潜水時間 分	浮上停止（有・無） 水深 停止時間 分 休憩時間 分
6	5 4 3 2 1	MPa ℓ	MPa	MPa	MPa	MPa	MPa	MPa	MPa	MPa	MPa	MPa	検索付近図	
7	5 4 3 2 1	MPa ℓ	MPa	MPa	MPa	MPa	MPa	MPa	MPa	MPa	MPa	MPa		
8	5 4 3 2 1	MPa ℓ	MPa	MPa	MPa	MPa	MPa	MPa	MPa	MPa	MPa	MPa		

検索方法	索展張方向	索の長さ ___ m	45・車両
			発見（ 時 分）
			救出完了（ 時 分）

車種	運転席 開・閉	運転席後部 開・閉
	助手席 開・閉	助手席後部 開・閉
色	トランク 開・閉	ヘッチバック 開・閉

車両ナンバー

車両の状況：正常状態・横転状態・転覆状態・直立状態・その他危険な状態

車両発見時の活動手順（潜水隊員に指示）

1　水没車両の状態を確認し、陸上局へ報告する。
2　全てのドアのロックを確認する。
3　ロックされている場合のガラス破壊は最小限とする。
4　45の場所、向き、シートベルトの状況を確認する。
5　再検索は、車内、車両回りを確認する。
6　トランクルームは指揮官の指示。
※　事件からみの場合もあるので可力ドアの開放、破壊は避けながら確実な45検索を実施する。

1　ボンベは空気ボンベとすべきこと。
2　潜降・浮上速度は毎分10m以下とすること。
3　水深10m以上で活動する場合は別途の浮上停止。時間管理票に基づき浮上停止を行うこと。
4　水深10m以上で活動した場合は、潜水活動管理票を5年間保存すること。

その他

2－5　検索準備要領

1　アンカー設定要領

　　検索活動を行う上で、事前に行う重要な事項に、アンカーの設定がある。水
難救助活動では、検索範囲を特定することが、検索する技術と同様に重要であ
り、正しい位置に速やかに設定することが要求される。

> **ポイント**
> 　設定位置は、目撃者の情報、転落位置又は水没位置周辺、消防艇のソナーによ
> る検索、水面の泡、油膜、岸壁上のスリップ痕等から判断する。

⑴　使用資器材

　ア　アンカー（重り）

　　　水流等の影響により、設定位置が容易に移動してしまうことのないよう
　　に、ある程度の重量が必要である。

　イ　さがり綱

　　㋐　水深に適した長さの綱（フローティングロープ）を選定する。

　　㋑　それぞれ端末をアンカーと浮環に結着し、ダブルチェーンノットで収
　　　納する。

　ウ　浮環

　　　大きな浮力があるものを使用すると、アンカーの水面搬送が容易である。

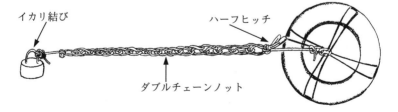

イカリ結び　　　　　　　　　　　　　　　　ハーフヒッチ

ダブルチェーンノット

図2－2－13

⑵　搬送要領

　　2名1組で実施する。

　ア　B・Cに空気を入れて浮力を確保する。

　イ　メインレギュレターをくわえて呼吸する。

　ウ　浮環、アンカーの順番で、陸上隊員からさがり綱設定用アンカーを受け
　　取る。

　エ　浮環中央に腕を通し、アンカーを持つ。

　オ　設定位置までは、水面を搬送する。

図2－2－14

Q&A
　アンカー搬送は水面での活動であるが、シュノーケルで呼吸しないのはなぜ？
　　重量物搬送時にシュノーケル呼吸で活動すると、頭部が水没しパニックに陥
　る危険性がある。万一の潜水墜落等に備えてメインレギュレターで呼吸し、空
　気を確保する。

(3)　アンカー投下

　ア　ダブルチェーンノットを端末処理してあるハーフヒッチ（半結び）を解
　　く。

　イ　水中をのぞき、さがり綱の状態を確認する。

　ウ　互いに声を掛け合い、アンカーを投下する。

ポイント
　　水底にアンカーを投下する際には、フィンやゲージ等にさがり綱が絡まってい
　ないかよく確認し、潜水墜落や水中拘束に十分注意する。

(4)　さがり綱の編み込み

　　アンカー投下後、さがり綱に余長がある場合は適度に編み込む。

ア　一度水底まで潜降し、アンカーの状態を確認する。

イ　アンカー側から浮環側へと、水面に向かってシングルチェーンノット又はダブルチェーンノットで編み込む。

ウ　端末をハーフヒッチ（半結び）2回で処理する。

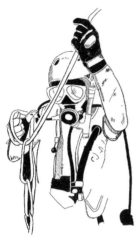

図2-2-15　シングルチェーンノット編み込み

図2-2-16　ダブルチェーンノット編み込み

ポイント

1　編み込み活動は水中拘束の危険が非常に高いため、必ず複数の隊員で行う。

2　1名が編み込み活動中は、もう1名が水中ライトで手元を照らす等の補助を行う。

3　編み込みは潮の干満を考慮して行う。特に満潮に向かう場合は水位が高くなるため、さがり綱に余裕をもたせておかないと、アンカーが重いときには浮環が水没し、軽いときにはアンカーが浮き上がり潮流で流される可能性がある。

Q&A

下から上に向かって編み込む利点は？

1　耳抜きを完了してから活動するため鼓膜穿孔等の危険が少ない。

2　活動環境（水底の状態、視界、水深、水温等）を事前に把握することができる。

上から下に向かって編み込む欠点は？

1　編み込み活動中に耳抜き動作をしなければならない。

2　逆さ向きの不安定な姿勢で編み込み作業をするため、難易度が高い。

2　検索ロープ展張要領

(1)　使用資器材

　ア　検索ロープ

　　(ｱ)　検索活動に適した長さのロープを選定する。

　　(ｲ)　両索端にフューラー結びを作成し、ダブルチェーンノットで収納する。

　イ　カラビナ

　　　水中（特に海水）で使用するため、ステンレス製等の錆びにくい物が望ましい。

図2－2－17

(2)　展張準備

　ア　フューラー結びの輪に腕を通す。

　イ　ダブルチェーンノット部分を手首に巻きつける。

　ウ　ハーフヒッチを解き、チェーンが解けないよう指に輪を掛ける。

　エ　カラビナを握る。

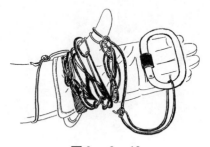

図2－2－18

(3)　展張開始

　ア　カラビナをさがり綱に掛ける。

　イ　展張方向を確認する。

　ウ　泳ぎながらダブルチェーンノットを解き、検索ロープを展張する。

Q&A

　検索ロープはどのようなものがよいのか？
　名古屋市消防局では、検索ロープは4mm以下の細いものを使用している。細いロープは指先に感触が伝わりやすいため、ロープ信号の伝達に優れている。また、要救助者や障害物に接触した場合も敏感に反応する。（第Ⅳ編第2章2−11「検索用資器材（潜水）」参照）

　検索ロープの長さはどのくらいがいいのか？
　基本的に視界の良し悪しで長さを決定する。良い場合は長く、悪い場合は短くする。
　1　視界が良い場合
　　隣り合うダイバーを視認できる位置に配置し、そのときの人員により決定する。
　2　視界が悪い場合
　　隣り合うダイバーと手が触れ合う位置に配置し、そのときの人員により決定する。

2－6　各種検索要領

1　環状検索要領

　検索範囲の中心にアンカーを設定し、4名1組（基本形）の潜水隊員が、円を描くように検索する方法。

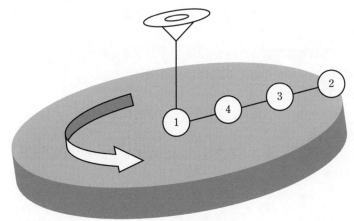

図2－2－19

(1)　アンカー設定

　　検索範囲の中心にアンカーを設定する。

(2)　潜降開始

　　ア　①番員の指示により圧力を確認し、①②③④番員の順で報告する。

　　イ　①②③④番員の順で潜降を開始する。

(3)　水底到着

　　ア　①番員はコンパスを使用し、検索ロープの展張方向を確認する。

　　イ　②③④番員は、さがり綱につかまり①番員の上方にて待機する。

(4)　検索ロープ展張

　　ア　①番員は、②番員に対し検索ロープの展張方向を指示する。

　　イ　②番員は泳ぎながら検索ロープを展張する。

　　ウ　③④番員は、さがり綱につかまり①番員の上方にて待機する。

　エ　展張完了後、②番員は①番員に対しロープ信号（1回）を送信する。

　オ　①番員は、②番員の「展張完了」を確認したら、ロープ信号を返信する。

ポイント

　水中における隊員間のコミュニケーションは、水中サインやロープ信号により行う。（第Ⅲ編第3章3－1「水中サイン」参照）

(5)　検索準備

　ア　①番員の指示により、③④番員の順で検索ロープに進入し、等間隔に配置する。

　イ　③番員は等間隔を把握するため、一旦②番員の位置まで泳いだ後配置につく。

　ウ　④番員も等間隔を把握するため、一旦③番員の位置まで泳いだ後、①番員の位置まで戻り配置完了を伝えて配置につく。

(6)　検索開始

　ア　検索準備が整ったら、①番員は②③④番員に対しロープ信号（2回）を送信する。

　イ　②番員は、①番員の「進め」を確認したら、ロープ信号を返信し検索を開始する。

　ウ　③④番員も、ロープ信号を確認した後（返信は必要なし）検索を開始する。

ポイント

1　潜降開始前に、進行方向（時計回り、反時計回り）を決定しておくこと。
2　名古屋市消防局では、環状検索を行う場合の進行方向を反時計回りに統一している。

(7)　検索完了

　ア　①番員は360度の検索が完了しても、余分に10〜15度継続して検索させる。

　イ　検索が完了したら、①番員は②③④番員に対しロープ信号（1回）を送信する。

　ウ　②番員は、①番員の「止まれ」を確認したら、ロープ信号を返信して止まる。

　エ　③④番員もロープ信号を確認した後（返信は必要なし）止まる。

Q&A

なぜ余分に360度以上検索するのか？

1　①番員が指示した展張方向と②番員が展張する方向に誤差が生じる可能性がある。

2　検索ロープが中間で折れ曲がり、末端で未検索部分ができている可能性がある。

3　360度の検索を完了したつもりが、実際には360度回っていない可能性がある。

これらの点から１周360度よりも10〜15度余分に検索することにより、未検索域の発生を防ぐことができる。

(8)　撤収、浮上

ア　検索を停止させたら、①番員は②③④番員に対しロープ信号（３回）を送信する。

イ　②番員は、①番員の「集まれ」を確認したら、ロープ信号を返信する。

ウ　③④番員は、ロープ信号を確認した後（返信は必要なし）①番員の位置へ集まる。

エ　②番員は検索ロープを撤収しながら、①番員の位置へ集まる。

オ　①番員の指示により、④③②①の順で浮上する。

2　半円検索要領

　岸壁や川岸付近の検索活動に適した方法で、岸際に設定したアンカーを中心に、半円形状に検索する方法。環状検索と同様に４名１組（基本形）の潜水隊員で実施する。

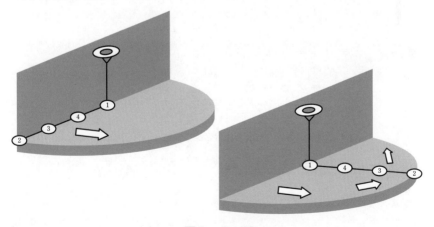

図２－２－20

(1)　アンカー設定

　　岸際にアンカーを設定する。

(2)　潜降開始

(3)　水底到着

(4)　検索ロープ展張

(5)　検索準備

(6)　検索開始

(7)　検索完了

　ア　②番員は、検索完了地点に到着したら、①③④番員に対しロープ信号
　　　（1回）を送信する。

　イ　①番員は、②番員の「止まれ」を確認したら、ロープ信号を返信する。

　ウ　③④番員もロープ信号を確認した後（返信は必要なし）止まる。

(8)　撤収、浮上

　ア　検索が停止したら、①番員は②③④番員に対しロープ信号（3回）を送
　　　信する。

　イ　②番員は、①番員の「集まれ」を確認したら、ロープ信号を返信する。

　ウ　③④番員は、ロープ信号を確認した後（返信は必要なし）①番員の位置
　　　へ戻る。

　エ　②番員は検索ロープを撤収しながら、①番員の位置へ戻る。

　オ　①番員の指示により、④③②①の順で浮上する。

ポイント

1　1回の半円検索で発見できない場合には、アンカーを順次移動し検索する。
2　検索終了後、①番員と②番員の役目を水中で入れ替えることにより、浮上す
ることなく繰り返し検索することも可能である。
3　繰り返し検索を行う場合は、あらかじめ検索回数を定めておき、残圧に注意
する。

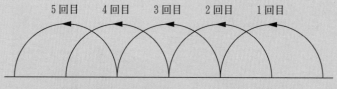

5回目　　4回目　　3回目　　2回目　　1回目

検索終了地点を、次回の中心として検索した場合

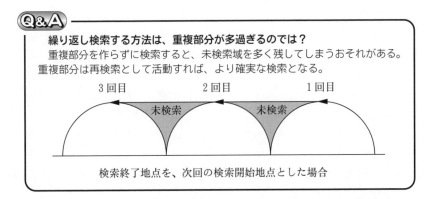

繰り返し検索する方法は、重複部分が多過ぎるのでは？
　重複部分を作らずに検索すると、未検索域を多く残してしまうおそれがある。
重複部分は再検索として活動すれば、より確実な検索となる。

３回目　　　　　　　２回目　　　　　　　１回目

未検索　　　　　　　未検索

検索終了地点を、次回の検索開始地点とした場合

3　ジャックステイ検索要領

　特に広範囲な検索活動を実施する場合に有効な方法。一度に多数の潜水隊員
を投入することにより、効果的な検索を行うことができる（解説は５名１組の
実施要領例）。

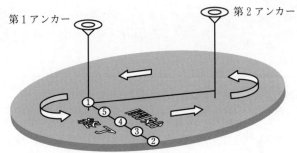

第１アンカー　　　　　　　　　　　　　第２アンカー

図２－２－21

(1)　アンカー設定
　　ア　検索水域に第１アンカー及び第２アンカーを設定する。
　　イ　両アンカー間に、進行用の基線を展張する。

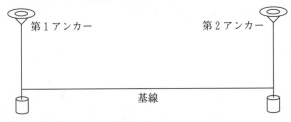

第１アンカー　　　　　　　　　第２アンカー

基線

図２－２－22

(2)　潜降開始

　ア　①番員の指示により圧力を確認し、①②③④⑤番員の順で報告する。

　イ　①②③④⑤番員の順で第1アンカーから潜降を開始する。

(3)　水底到着

　ア　①番員は進行方向（第2アンカー）に正対して着底し、コンパスを確認
　　　する。

　イ　②③④⑤番員は、さがり綱につかまり①番員の上方にて待機する。

(4)　検索ロープ展張

　ア　①番員は②番員に対し、基線と検索ロープが直角となる方向に展張を指
　　　示する。

　イ　②番員は泳ぎながら検索ロープを展張する。

　ウ　③④⑤番員は、さがり綱につかまり①番員の上方にて待機する。

　エ　展張完了後、②番員は①番員に対しロープ信号（1回）を送信する。

　オ　①番員は、②番員の「展張完了」を確認したら、ロープ信号を返信する。

ポイント

1　検索ロープ索端のカラビナは、さがり綱ではなく進行用の基線に掛ける。

2　②番員もコンパスを使用すると、基線に対し直角方向へ正確に展張できる。

Q&A

展張方向にズレが生じてしまった場合はどうするのか？

　基線と検索ロープが直角とならなければ、検索の幅が狭まり有効な検索とならない。

1　少しのズレならば、検索開始後に①番員が進行速度を調節し修正する。

2　大きくズレた場合は、①番員が③番員に対し、基線と検索ロープの関係を示し、適切な方向へ修正するよう伝令させる。

3　①番員と②番員間で「前進せよ」「後進せよ」の合図を定めておくとよい。

(5)　検索準備

　ア　①番員の指示により、③④⑤番員の順で検索ロープに進入し、等間隔に
　　　配置する。

　イ　③番員は等間隔を把握するため、一旦②番員の位置まで泳いだ後配置に
　　　つく。

　ウ　④番員も等間隔を把握するため、一旦③番員の位置まで泳いだ後配置に
　　　つく。

　エ　⑤番員も等間隔を把握するため、一旦④番員の位置まで泳いだ後配置に

つく。

(6)　検索開始

　ア　検索準備が整ったら、①番員は②③④⑤番員にロープ信号（2回）を送信する。

　イ　②番員は、①番員の「進め」を確認したら、ロープ信号を返信し検索を開始する。

　ウ　③④⑤番員も、ロープ信号を確認した後（返信は必要なし）検索を開始する。

　エ　①番員は、基線と検索ロープが常に直角となるように速度調節しながら、第2アンカーへ進む。

ポイント

1　②番員の進行速度が速い場合は、①番員が速度を上げる。
2　②番員の進行速度が遅い場合は、①番員が速度を下げる。

(7)　第2アンカー到着

　ア　①番員は基線からカラビナを離脱し、第2アンカーをかわして基線に掛け直す。

　イ　第2アンカー（折り返し地点）を中心として、半円検索を実施する。

　ウ　半円検索が完了したら、引き続き第2アンカーから第1アンカーへ進み検索する。

(8)　第1アンカー到着

　ア　①番員は基線からカラビナを離脱し、さがり綱に掛け直す。

　イ　第1アンカーを中心として、半円検索を実施する。

(9)　検索完了

　ア　検索が完了したら、①番員は②③④⑤番員にロープ信号（1回）を送信する。

　イ　②番員は、①番員の「止まれ」を確認したら、ロープ信号を返信して止まる。

　ウ　③④⑤番員もロープ信号を確認した後（返信は必要なし）止まる。

(10)　撤収、浮上

　ア　検索を停止させたら、①番員は②③④⑤番員にロープ信号（3回）を送信する。

　イ　②番員は、①番員の「集まれ」を確認したら、ロープ信号を返信する。

　ウ　③④⑤番員は、ロープ信号を確認後（返信は必要なし）①番員の位置へ

集まる。

エ　②番員は検索ロープを撤収しながら、①番員の位置へ集まる。

オ　①番員の指示により、⑤④③②①の順で浮上する。

4　その他の検索要領

(1)　ジャックステイ検索（一方通行）

潮流の影響により、折り返しての検索活動が困難な場合等に有効な方法。

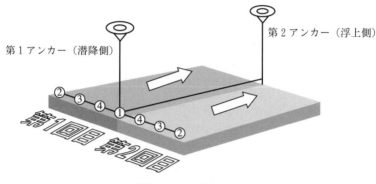

図2－2－23

ア　活動要領

　(ア)　第1アンカー及び第2アンカーを設定し、進行用の基線を展張する。

　(イ)　第1アンカーから潜降し、第2アンカーまで検索したら一旦浮上する。

　(ウ)　舟艇等を利用し第1アンカーへ戻り、一方通行で残り反面の検索活動
　　を行う。

イ　留意事項

　(ア)　潮流に沿って検索すると体力の消耗が少ない。

　(イ)　潮流に向かって検索すると、フィンによるヘドロ等の巻き上げも潮流
　　がクリアーにしてくれるため、進行方向は常に視界良好となる。

(2)　陸上誘導検索

比較的川幅の狭い河川や用水等において活動する場合に有効な検索方法。

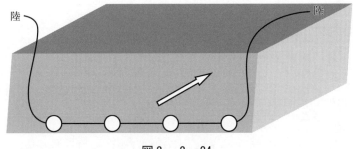

図 2 － 2 － 24

ア　活動要領
  (ア)　あらかじめ両岸に誘導ロープを展張する。
  (イ)　潜水隊員を配置して潜降を開始する。
  (ウ)　進行方向へ真っすぐ進むように、陸上隊員と連携して検索活動を行う。
イ　留意事項
  (ア)　誘導ロープの展張は潜水隊員の体力消耗を防ぐため、救命索発射銃、
　　　　舟艇、橋等を利用するとよい。泳いで展張する場合は潜水スタンバイ隊
　　　　員により展張する。
  (イ)　川岸の樹木等が支障となり陸上隊員による誘導が困難な場合は、潜水
　　　　スタンバイ隊員が水中に入り、浅瀬を歩く、又は水面を泳ぐなどして誘
　　　　導する。
  (ウ)　検索活動時、陸側に位置する潜水隊員には上方へ持ち上げられる力が
　　　　発生するため、必要に応じて両サイドにアンカーの設定、又は水面での
　　　　誘導等を行う。

ポイント

共通事項

1　隊員配置

　　経験、知識、技術、泳力等を考慮して適正に隊員を配置する。

　(1)　①番員は最も経験、知識、技術のある隊員を配置し、リーダーとする。

　(2)　②番員は泳力に優れ、ロープ展張技術等の水中活動能力の高い隊員を配置する。

　(3)　③④番員には検索技術に優れた隊員を配置する。

2　事前ミーティング

　　陸上においてミーティングを行い、活動要領を徹底してから検索を開始する。

　(1)　隊員配置

　(2)　検索方法

　(3)　エントリー方法

　(4)　アンカー設定要領

　(5)　検索ロープの展張方向

　(6)　進行方向

　(7)　ロープ信号及び合図の確認

　(8)　要救助者等発見時の救出要領

　(9)　トラブル等発生時の対応要領

　(10)　その他

3　検索準備（配置）

　(1)　検索ロープの展張中は、水中視界を濁さないように上方で待機する。

　(2)　配置につくときは、自分が何番員であるかを①番員に水中サインで合図する。

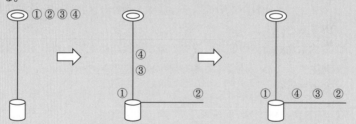

4　留意事項

　(1)　陸上においてできることは急いで行い、水中の活動は落ち着いて行う。

　(2)　潜降開始から検索が開始されるため、ヘッドファースト潜降する。

　(3)　ヘドロ等の巻き上げによる視界不良を防ぐため、ゆっくり着底する。

　(4)　活動環境（水深、水中視界、水温等）を確認する。

　(5)　ロープ信号に応答がない場合は、繰り返し送信する。

　(6)　③④番員からロープ信号を送る場合は、両端に送信する。

　(7)　①番員はコンパスを注視し、活動状況を把握する。

　(8)　②番員は検索ロープを緩ませないよう若干外向きに泳ぐ。

　(9)　視界が良好なときは③④番員がウェービングを行い検索する。

　(10)　時々、隣の隊員に異常がないか確認し、互いにOKサインで合図する。

Q&A

火災現場での検索活動のように、潜水隊員に命綱を設定しなくてもいいのか？

複数の隊員に命綱を設定し、潜水を伴った水中検索活動を行うと、ロープの絡まりによる水中拘束を招きやすくしてしまう。

さがり綱や検索ロープを手放してしまったらどうするの？

慌てることなく、その場に止まり周囲を確認する（水中でやみくもに探さない。）。発見できない場合は、浮上速度に注意しその場で浮上する。陸上隊員にトラブル発生の報告を行い、自己に異常がなければ再度さがり綱から潜降し、リーダーの指示に従う。

検索ロープの展張方向は、どのように決定するのか？

潮流等の影響がある場合は環境条件を考慮して検索ロープの展張方向を決定する。

潮下に展張して潮上に向かって検索すると、フィンの巻き上げによる視界の濁りも潮流がクリアーにしてくれる。また、体力消耗を防ぐ場合は潮上から流れに沿って検索する。

検索ロープは水面において展張してはいけないのか？

1　水深が深い場合

検索ロープにつながった複数の隊員が、耳抜きをしながら同じ潜降速度で、しかも目標に向かって真っすぐに潜降することは非常に困難である。また、リーダーが隊員の安全管理（耳抜き状態等の確認、進入退出管理）を行う上でも、さがり綱により潜降し、その後の活動を行うことが望ましい。

2　水深が浅い場合

全員そろっての潜降が比較的容易であり、しかも空気消費量の軽減や潜水時間の短縮が図れるため、水面において展張した方が効率的である。

ウェービングとは？

③④番員が配置位置を基点にして左右に移動し、さらに確実有効な検索活動を行うこと。しかし、視界不良の場合にウェービングを行うと、かえって未検索域を作りやすいため、視界が良好な場合に行うとよい。

要救助者等を発見した場合はどのように行動するのか？

1　ロープ信号（連続）により要救助者のもとへ全員集合する。

2　要救助者の引き上げを行う場合は、リーダーの指示により必ず複数の隊員で救出する（2－7「水底からの溺者救出要領」参照）。

3　検索ロープによる水中拘束を防ぐため③④番員で要救助者を引き上げ、①②番員がロープの整理を行うように行動すると、より安全に救出できる。

4　水没車両を発見した場合には、検索ロープを車両に結着しておくと、その後の活動がスムーズになる（2－8「車両引き上げ要領」参照）。

2－7　水底からの溺者救出要領

この救出要領は、潜水検索活動において水底で要救助者を発見したときのものである。

1　水底からの引き上げ要領

(1)　水底から水面への搬送

　ア　要救助者の引き上げは複数の隊員で行う。

　イ　要救助者を引き上げる際、早く救出しようとするあまり、浮上速度が速くなりがちであるので注意する。

　ウ　要救助者を抱えながらの浮上は、力強いフィンキックを必要とするので、呼吸を止めがちになり肺破裂の危険があるので注意する。

　エ　B・Cの浮力を利用しての要救助者の引き上げは、吹き上げの危険があるので原則として行わない。

図2－2－25

ポイント

　水中において要救助者の気道確保を行うと、呼吸気管及び肺等に水が浸入してしまうため、水面に到着するまでの間は気道確保を行わない。

(2)　水面搬送

　ア　水面に到着したら、直ちに要救助者を仰向けにして気道を確保する。

　イ　B・Cに送気し隊員の浮力を確保する。

　ウ　2名の隊員がスキューバセットを背負った状態で要救助者を搬送するにはアームオーバーアームが適している。

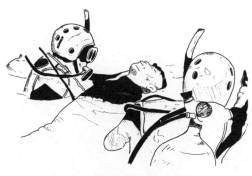

図2－2－26

ポイント

要救助者を水面に救出後、直ちに陸上へ引き上げるために3点セット及びPFDを着装したサポート隊員を待機させておくことが望ましい。

2　水面から陸上への引き上げ（代表的救助法）

(1)　はしごクレーン救助法

(2)　レスキューフレーム

ポイント

　意識がなく水に濡れた要救助者をサーバイバースリングで縛着すると、すり抜ける危険があるため、バスケットストレッチャーを使用することが望ましい。

(3)　トライアングルを利用した直引き

2 − 8 車両引き上げ要領

1 車両引き上げ要領

車両の水中転落事故に際して、車内の要救助者の発見や救出が困難と判断した場合には、クレーン車等を活用し水没車両を地上へ引き上げて救助活動を行わなければならない。水没車両の引き上げは、その活動内容が複雑であるため、陸上隊員、潜水隊員が実施手順をよく把握して連携のとれた活動を行うことが必要である。

ここでは、岸壁からの車両転落事故を例に、消防機械器具を有効活用した水没車両の引き上げ要領を示すこととする。

(1) 活動要領

車両引き上げ要領は大きく分けて、けん引活動と、吊り上げ活動の二つに分類される。

ア けん引活動

(ア) 岸壁からワイヤー（水中用ワイヤー）を延長し水没車両に設定する。

(イ) 水中に延長した長さと同じ長さのワイヤー（フロントウィンチワイヤー）を陸上に延長し双方を結合する。

(ウ) フロントウィンチを巻き取り、水没車両を岸壁下までけん引する。

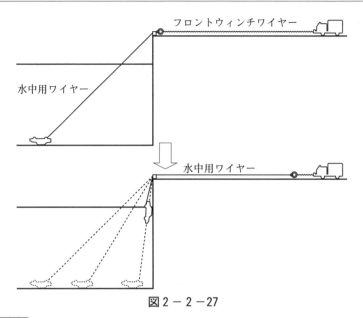

図2－2－27

Q&A

ワイヤーの設定方法が複雑だが、フロントウィンチで直接けん引してはいけないのか？
　ワイヤーロープを水中（特に海水）で使用すると腐食して強度が低下してしまうため、救助活動全般に活用するフロントウィンチワイヤーは、大切に取り扱う必要がある。

ポイント

1　名古屋市消防局では、水難救助で使用するワイヤーを水中用（普通のワイヤーで特別なものではない。）として、交通事故救助等との兼用を避けている。
2　水中用ワイヤー使用後は、真水で洗浄しグリスを塗るなどのメンテナンスを行い、腐食を防止する。
3　内部の腐食状態は目視で確認できないため、水中用ワイヤーは定期的に交換する。

イ　吊り上げ活動
　㋐　岸壁下までけん引した水没車両にワイヤー（吊り上げ用ワイヤー）を設定する。
　㋑　クレーン車を活用して水没車両を岸壁上へ吊り上げる。

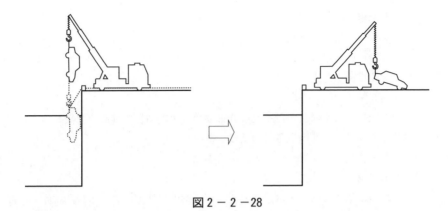

図 2 − 2 − 28

Q&A

けん引活動を省略して、直接クレーン車で吊り上げ活動をしてはいけないのか？

1 クレーン車のフックやワイヤーは腐食を避けるため、水（特に海水）につけない。

2 水中用ワイヤーを使用した場合は、水深が深いと岸壁上に引き上げ切れない。ただし、ブームの長いクレーン車を活用すれば吊り上げは可能である。

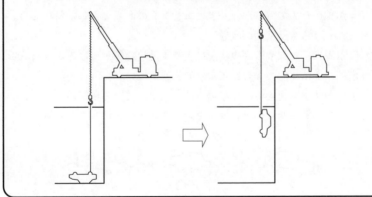

(2) 実施手順

水没車両の引き上げは、次の手順で行う。

ア 水没車両の発見

イ 斜潜降ロープの設定

ウ エッジローラーの設定

エ 水中用ワイヤーの設定

オ フロントウィンチワイヤーの設定

　　カ　水没車両のけん引

　　キ　クレーン吊り上げ用ワイヤーの設定

　　ク　水没車両の吊り上げ

　　ケ　水没車両引き上げ完了

⑶　詳細要領

　　陸上隊員、潜水隊員それぞれの詳細要領は次の項目で詳しく解説する。

　　ア　陸上隊員（2「陸上隊員の活動」参照）

　　イ　潜水隊員（3「潜水隊員の活動」参照）

⑷　転落車両の水没

　　ア　水面に転落した車両は、窓ガラスが全閉の状態であれば数分間は浮いて
　　　いる（フロントガラスは衝撃で割れることが多いが、合わせガラスのため
　　　開放しにくい。）。

　　イ　ドアは水圧により開かなくなるが、窓ガラスを開放すれば脱出は可能と
　　　思われる（パワーウインドーは電気系統の浸水により作動しなくなる可能
　　　性がある。）。

　　ウ　床、エアコンの噴出し口等を通じて車内に水が浸水してくる。

　　エ　浮力を失った車両は、フロント部分を水底に向けて水没していく（エン
　　　ジンが重いためであるが、リアにエンジンのある場合等は異なる。）。

⑸　水底における水没車両の状態

　　水没車両は、水深や水底の状況により水没状態等が異なることがある。

　　ア　水深が5m程度の場合、正常位の状態が多い。

　　イ　水深が10mを超えるような場合は、転覆している状態が多い。

　　ウ　水底のヘドロが深い場合は突き刺さった状態となることもあり、この場
　　　合においては車両の固定等の処置を行う必要がある。

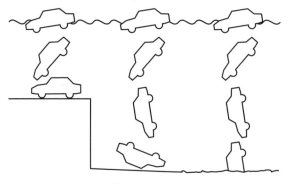

図2－2－29

2 陸上隊員の活動

(1) 車両及び資器材を準備する。

ア 車両

車　　　種	台　数	使　用　用　途
救　　助　　車	1　台	フロントウインチ操作
ク　レ　ー　ン　車	1　台	ク　レ　ー　ン　操　作
大　型　消　防　車	1　台	支　点　用　車　両

イ 資器材一覧表

斜潜降ロープ（フローティングロープ100m）	エッジローラー
水中用ワイヤー（10・20・30m）	チルホール
クレーン吊り上げ用ワイヤー（4m×2）	バール
かけ縄	大ハンマー
シャックル（大・中・小）	誘導ロープ
ワイヤーストッパー	車輪止め
ワイヤー用滑車	その他

(2) 斜潜降ロープを設定する。

　潜水隊員が斜めに潜降する方法を斜潜降といい、潜降時にさがり綱として伝うロープを斜潜降ロープという。

　ア 潜水隊員に斜潜降ロープ（フローティングロープ）の端末を渡す。

　イ 潜水隊員が潜降し水没車両に結着する。

　ウ 結着完了の合図を受けたら斜潜降ロープを展張して、岸壁上の地物に固定する。

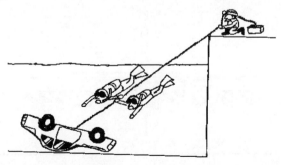

図2－2－30

斜潜降ロープの利点は？

1　潜水隊員が再度潜降し水没車両に至るとき、岸壁から最短距離で到達できる。

2　メートル表示することにより水没車両までの距離が測定でき、水中用ワイヤーの長さが選定できる。

3　ワイヤー等の重量物の水中搬送が容易となり、潜水墜落等の潜水事故が防止できる。

(3)　エッジローラーを設定する。

　　岸壁の車止めにエッジローラーを設定することにより、水中用ワイヤーを保護しけん引活動時の摩擦抵抗を軽減することができる。

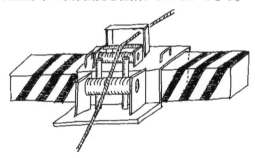

図2－2－31

エッジローラーの設定位置は？

　水没車両と岸壁を結ぶ斜潜降ロープが90度を示す位置に設定する。エッジローラーの設定位置が適切でないと、けん引活動中にエッジローラーが移動して車止めから外れることがある。

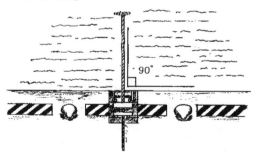

(4)　各車両の部署位置を決定する。

　　けん引作業を行うに当たり、岸壁上にフロントウィンチワイヤーを延長する活動スペースが必要である。

　ア　岸壁の後方に活動スペースがある場合

　　　水没車両、エッジローラー、救助車（フロントウィンチ付）を結ぶ線が一直線になるように部署する。

図2－2－32

　イ　岸壁の後方に活動スペースがない場合

　　　大型消防車（支点用車両）を部署し、ワイヤー用滑車を活用してけん引方向を変える。

図2－2－33

(5)　各種ワイヤーを設定する。

　　ア　水中用ワイヤーはエッジローラーを通し、斜潜降ロープにシャックルで
　　　掛けて潜水隊員に渡す（重量物搬送時の潜水墜落事故を防ぐため。）。

　　イ　ワイヤーの送り出しは潜水隊員の潜降速度に合わせて行う。

　　ウ　フロントウィンチワイヤーを延長し、水中用ワイヤーと結合する。

ポイント

1　水中用ワイヤーは自重でたるむため、斜潜降ロープより長いものを使用する。
2　水中用ワイヤーを継ぎ足して使用する場合は、小さいシャックルを使用する
　（大きいシャックルはエッジローラーを通過しないため。）。
3　フロントウィンチワイヤーは、ドラムに最低5巻以上残すこと。

(6)　けん引活動を開始する。

　　　フロントウィンチ巻き取り操作により水没車両を岸壁下までけん引する。

　　ア　フロントウィンチ操作は潜水隊員が浮上し、安全な位置に待機してから
　　　開始する。

　　イ　けん引活動中はワイヤーの切断、フックの破損等に注意する。

　　ウ　危険区域に入らない（支点が破損すると陸上隊員が水中に転落してしま
　　　う。）。

図2－2－34

ポイント

1　フロントウィンチワイヤーは、バール等を活用し整理しながら巻き取る。
2　エッジローラーは、大ハンマー等を活用して設定位置を補正する。

Q&A

水中用ワイヤーを継ぎ足したために、シャックルが滑車を通過しなくなってしまった。どうしたらよいか？（岸壁の後方に活動スペースがない場合）

シャックル通過要領図

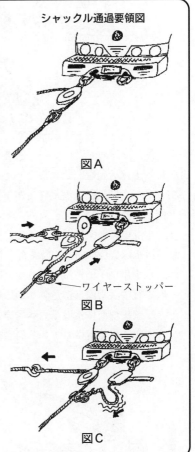

シャックルがワイヤー用滑車を通過しないときはワイヤーストッパーとチルホールを活用し、シャックル通過要領を行う。

1 滑車の手前でフロントウィンチの巻き取り操作を停止する（図A）。

2 ワイヤーストッパーを活用し、チルホールによるけん引を行う。

3 水中用ワイヤーに余長ができるため滑車のゲートを開け、継ぎ目を通過させる（図B）。

4 継ぎ足した水中用ワイヤーとシャックルは必要がなくなるため、除去する。

5 フロントウィンチのフックを水中用ワイヤーに掛けて再度けん引を開始する（図C）。

6 ワイヤーストッパーとチルホールは必要なくなるため撤収する。

図A

ワイヤーストッパー

図B

図C

(7) クレーン吊り上げ用ワイヤーを設定する。

ア クレーン吊り上げ用ワイヤーは2本準備する。

イ 潜水隊員が活動しやすいように、それぞれ目通しした状態でフックに掛けて下ろす。

目通し

図2－2－35

(8)　吊り上げ活動を開始する。

　ア　吊り上げ活動は潜水隊員が玉掛けを完了し、安全な位置に待機してから
　　　開始する。

　イ　水没車両を少し吊り上げたら一旦吊り上げを停止し、各部の点検を行う。

　ウ　潜水隊員が車内の確認を行い、要救助者の救出が可能であれば救出する。

　エ　水中用ワイヤーは、吊り上げ時に支障となるので撤収する。ただし、撤
　　　収を行う潜水隊員に危険がある場合はその限りでない。

　　　　岸壁接地前に水没車両へ誘導ロープを結着し、吊り下ろし時の誘導を行
　　　う（すでに結着されている斜潜降ロープを誘導ロープとして有効活用して
　　　もよい。）。

図2－2－36　クレーン車を活用した吊り上げ活動

ポイント

1　岸壁下が死角になるため誘導員の指示に従ってクレーン操作する。
2　潜水隊員の岸壁付近での活動は危険なので、陸上隊員は活動状況に注意する。
3　潜水隊員が車内を確認中は、水中用ワイヤーも余張をとり二重の安全を確保する。
4　水没車両は大量の水を含んで重いため、ゆっくりと水を切りながら吊り上げる。

Q&A

クレーン吊り上げ用ワイヤーの長さは？

　ワイヤーが長すぎると岸壁上に引き上げきれず、短すぎるとクレーンフックが水没車両に干渉してしまう。名古屋市消防局では、港湾部では4ｍの吊り上げ用ワイヤーを使用している。

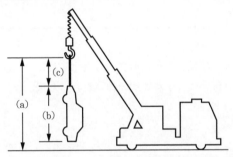

クレーン車吊り上げ可能高さ（ａ）＞水没車両の全長（ｂ）＋吊り上げ用ワイヤーの長さ（ｃ）

3　潜水隊員の活動

(1)　水没車両の検索活動を行う。

　ア　水没車両の検索活動は原則4名の潜水隊員で行う。

　イ　水没車両を発見したら車両の状況を陸上局にダイバーフォン等により伝達をする。検索ロープの端末を車両に結びつけ、水没車両を確保してから車内の検索活動を行う。

(2)　車内の検索活動を行う。

　ア　必ず2班（2名ずつ）に分かれて活動中における転落車両の傾きや転倒による危険回避を考慮し、しっかり中性浮力をとりながら、運転席側又は助手席側のドアを開放して車内の検索活動を行う。

　イ　転落車両が海底に刺さり直立状態などの不安定な状態が認められたなら

ば、ロープやワイヤーロープによる固定、又は必要に応じてけん引活動の要領により車両の安定化を図る。

　ウ　車両車内の要救助者の発見や救出が困難な場合は、車両引き上げに移行する。

ポイント

ドアロックされている場合は破壊器具で窓ガラスを割って解錠する。

Q&A

水圧でドアが開放できないのでは？

　転落直後の水面に浮かんでいる状態では、水圧でドアが開放できないが、完全に水没してしまうと圧力の差がなくなり開放可能となる。しかし、大気中で開放するときに比べ、水中では水の抵抗を受けて重くなるため、開放不可能と誤解しやすい。

(3)　車両引き上げに移行する。

　車両引き上げの準備を行うため、一旦潜水隊員は全員浮上する。その際、2班（A班、B班）に分かれて次の作業を行った後、浮上する。

ポイント

車両引き上げに移行する前にやっておかなければならないこと

1　車両をけん引する方向によるが、フロントガラス（リヤガラス）が割れていないかの確認をする（車内に要救助者が取り残されていた場合、けん引により車両から滑り落ちてしまうおそれがあるため、落下防止措置を実施する。）。

2　要救助者を結着する（車の損傷の具合によりフロントガラスがけん引中に割れ要救助者が滑り落ちてしまう可能性があるため、できる限り要救助者を車両に固定する。）。

　ア　A班の行動

　　㋐　検索ロープを伝ってアンカーへ戻り、コンパスで水没位置（方向）を確認する。

　　㋑　さがり綱を伝って検索ロープを引き上げながら浮上する。

　イ　B班の行動

　　㋐　状況の再確認をする（水没状態、ドアや窓の開閉状況、車種、ナンバー等）。

　　㋑　レスキューフロートを打ち上げる、又は水没車両から真上に浮上して、正確な水没位置を陸上隊員に知らせる。

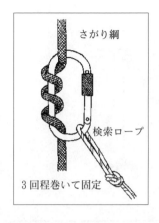

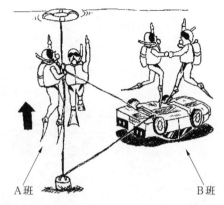

図 2 - 2 -37

Q&A

**　なぜ検索ロープを水面付近まで引き上げるのか？**
1　再度潜降して水没車両に向かうときに、最短距離で到着できる。
2　水底を泳がずに到着できるため、ヘドロを巻き上げて視界を悪くする心配がない。

(4)　斜潜降ロープを設定する。

　　水中用ワイヤーを設定する事前準備として斜潜降ロープを設定する。この作業は、水中用ワイヤーの搬送距離が短い場合等には、潜水隊員の判断で省略してもよい。

　ア　陸上隊員から斜潜降ロープ（フローティングロープ）を受け取る。

　イ　検索ロープを伝って潜降し、斜潜降ロープの端末を水没車両に結着する。

　ウ　斜潜降ロープの設定が完了したら、検索ロープを水没車両から取り外し浮上する。

図2－2－38

Q&A

なぜ水没車両を確保している検索ロープを取り外してしまうのか？
　検索ロープが結ばれたまま水没車両を引き上げると、それにつながったアンカーも一緒に引き上げてしまう。もしも、要救助者が車内にいなかった場合は再度アンカーを使用し、車両の水没位置周辺を再検索する必要がある。

(5)　水中用ワイヤーを設定する。

　ア　陸上隊員から水中用ワイヤーとシャックルを受け取る。

　イ　斜潜降ロープを伝って水没車両まで水中用ワイヤーを搬送する。

　ウ　水中用ワイヤーを水没車両の車軸等に2、3回巻きつけてシャックル止めする。

　エ　設定が完了したら各部の点検を実施して浮上する。

　オ　陸上隊員に設定完了の報告をする。

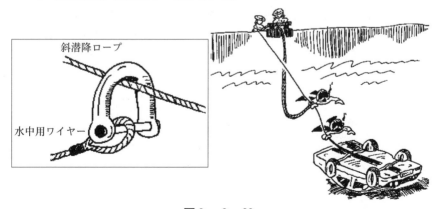

図2－2－39

ポイント

重量物の搬送は斜潜降ロープに沿わせて行うと楽に搬送でき、潜水墜落も防止できる。

Q&A

斜潜降ロープは取り外さなくてもよいのか？

斜潜降ロープはけん引活動中に水没車両と岸壁間の距離が測定できることや、クレーン車を活用した吊り上げ活動時に誘導ロープとして有効活用できるため撤収しなくてもよい。

ポイント

1　水中でのワイヤー設定は陸上とは比較できないほど困難である。特に視界不良時は複雑な作業を避け、車軸・デフ等の強固な部分ならどこでもよい。
2　車両けん引用フックは故障時にタイヤを回転させてけん引する強度しかないので適切でない。

3　原則として岸壁に近い位置から設定するが、無理な場合は設定しやすい位置でよい。
4　設定はバディで行い、そのうち１名は作業補助（水中ライトで照明等）を行う。
5　予備のシャックルをＢ・Ｃのポケットに入れておくと、作業中に落下させた場合でも浮上して取りに戻らなくてもよい（水底がヘドロの場合は発見することが困難。）。

(6)　けん引活動を開始する。

けん引活動中はワイヤーの切断等が考えられるため、安全な場所で水面待機する。

(7)　クレーン吊り上げ用ワイヤーを設定する。

ア　クレーン車より吊り上げ用ワイヤー２本が下ろされるため、水没車両の

タイヤハウスから、タイヤにかぶせるようにして車軸に掛ける。

イ　設定が完了したら安全な場所へ退避し、陸上隊員に報告する。

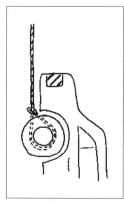

図2－2－40

(8)　吊り上げ活動を開始する。

　　ア　少し吊り上げたところで一旦吊り上げを停止して車内の要救助者を確認
　　　　する。

　　イ　救出可能ならば救出し、転落危険のある場合は転落防止等の措置をとる。

　　ウ　水中用ワイヤーは吊り上げ時の支障になるため撤収する。ただし、危険
　　　　な場合はその限りでない。

ポイント

　1　岸壁付近での活動は、水没車両と岸壁に挟まれないように注意する。
　2　活動中は、万一のトラブルに備えてマスク、レギュレターを必ず装着する。
　3　救出活動を行う場合は、水中用ワイヤー撤収前に行い二重の安全を確保して
　　おく。

(9)　車両引き上げ完了

　　ア　水没車両が岸壁に到着するのを確認しエキジットする。

　　イ　異常の有無を報告する。

　　ウ　ガソリンやオイル等が付着している可能性があるため、直ちに身体の洗
　　　　浄を行う。

2－9　地下空間における潜水活動要領

1　形　態

集中豪雨等により、ビルの地下室や地下駐車場等の小規模地下空間に浸水した場合、浸水の急速な進行によりドアを開放できず避難困難となるケースが発生する。さらに浸水が進むと地下空間全体が浸水し、潜水救助活動及び排水活動が必要となる。

2　特　性

(1)　地下空間は、地上からの状況把握が困難であり、進入箇所が限られ、立体的な活動を必要とする。

(2)　閉鎖的かつ暗所及び浮遊物等の障害があり、常に退路を把握して緊急待避できる体制を確保する必要がある。

(3)　押し開けドアの前面の水深が0.4mを超えると開放が困難となる。浸水側からドアを引き開ける限界の水深は、さらに浅くなるため、初期の段階で救出することが重要である。

(4)　水圧によりドアからの進入が困難な場合、破壊活動が必要となる可能性がある。

(5)　短時間で浸水深が増加するため、ドア開放後に閉鎖防止措置を講じておかないと、突発的に閉鎖され脱出経路を失う可能性がある。

(6)　短時間で浸水深が増加するため、浸水防止活動（止水板等）や排水活動を並行して実施する必要がある。

(7)　地下駐車場等は、不活性ガス消火設備が誤作動する可能性があり、不用意に吸ってしまうと酸欠の危険性がある。また、燃料等による化学熱傷を起こす危険性がある。

(8)　電気系統の設備が浸水すると漏電や短絡が発生し停電になることがあるため、照明を確保し、感電等に留意する必要がある。

(9)　潜水中、退出する際に真上に浮上できないため、必ず進入口へ引き返さなければならない。

(10)　要救助者は空気層にとどまり生存している可能性がある。

ポイント

　地下空間における潜水活動は非常に困難性が高いため、確実な要救助者情報及び建物平面図を入手するまでは、他の救出方法を考慮し潜水活動は最終手段とすること。

Q&A

1　地下室ドアにかかる水圧はどのくらいなのか？
　　浸水した水はドアの前にたまり、水深に応じた水圧がドアにかかる。一般的なドア（幅0.8m）にかかる水圧は、水深0.1mで4kg、0.3mで36kg、0.5mでは100kgとなる。ドアを押す力は個人差があるが、体重の7割程度であり、成人男性で0.4mを超えると避難が困難になる。
　　また、浸水側からドアを引き開ける場合、ドアノブのみが手掛かりとなるため、開放はさらに困難となり、ドアノブが壊れる可能性もある。
2　ドアが開放できない場合の破壊活動とは？
　　ドア上部をエンジンカッターで破壊することや、1階床面のブリーチングが考慮できるが、止水及び排水活動で水圧を逃すことが最優先となる。

3　活動上の留意点

(1)　建物内部の状況を把握するために、関係者から平面図等の情報を入手すること。

(2)　進入前に、排水（タンク車、可搬式ポンプ等）及び浸水防止（止水板、土嚢等）活動を考慮すること。

(3)　進入方法については、床面の破壊活動等、最小限の潜水活動になるような方法を模索すること。

(4)　退出場所の目印のために、出入口付近に大光量の照明を設定すること。

(5)　視界不良であるため、水中無線機を活用し連絡手段を確立すること。また、障害物により無線が届かなくなる可能性があるため、中間隊員の配置を考慮すること。

(6)　必ず検索ロープを設定すること。また、検索ロープが浮遊物に絡まる危険性が大きいため、原則、壁伝いに検索することで退路を確保すること。

(7)　直上への緊急浮上ができないため、退出に時間がかかることを想定した残圧管理を行うこと（例：空気を1/3消費したら退出等）。

(8)　潜水隊員は、要救助者用のフルフェイスマスク付4Lボンベを必ず携行し、緊急時は潜水隊員の予備呼吸源として活用すること。

(9)　生存者は、上部の水没していない空間にいることが考えられることから、

上部空間を優先して捜索すること。

Q&A

1　フルフェイスマスクを要救助者に使用する理由は？
　⑴　万が一、水中で失神してもレギュレーターが口から外れるおそれがないため。
　⑵　マスク内に水が入る可能性が少ないので、口や鼻に水が入ることによるパニックを防ぐため。
2　要救助者に潜水隊員の装備しているフルフェイスマスクを着装させていいのか？
　　地下空間内は緊急脱出が難しいため、呼吸源を共有することは望ましくない。また、障害物への引っ掛かり等を防ぐために、要救助者用のフルフェイスマスクには水中無線機を取り付けていない。

4　装　備　等

⑴　個人
　ア　スキューバセット
　イ　水中無線機（ダイバーフォン）
　ウ　ショートフィン
　エ　水中ナイフ、水中ライト、フラッシュライト
　オ　安全帯

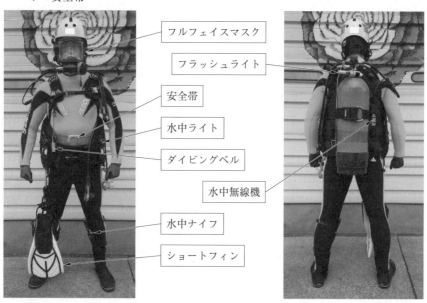

フルフェイスマスク
フラッシュライト
安全帯
水中ライト
ダイビングベル
水中無線機
水中ナイフ
ショートフィン

⑵　その他
　ア　検索ロープ（発光ロープ）
　イ　フルフェイスマスク付4Lボンベ
　ウ　ハーフスケッド

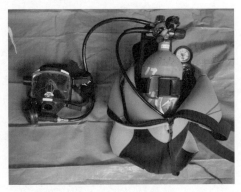 

　　　フルフェイスマスク付4Lボンベ　　　　　　　　ハーフスケッド

5　検索要領

⑴　検索隊員
　　進入隊員2名・検索ロープ（発光ロープ）確保員1名を基本とし、予備潜
　水隊員を最低2名待機しておく。

⑵　進入要領

　ア　階段

　　　ドアを発見するために、基本は水底を歩いて進入する。折れ曲がりがある場合は、中間隊員を配置する等で対応する。

　イ　ドア

　　　ドアを発見した際は、開放後に閉鎖防止措置及び目印を設定する。状況によっては中間隊員を配置する。

フラッシュライト

ドアストッパー

　ウ　室内（検索対象）

　　　検索ロープの絡まりを防ぐため、無闇に捜索せずに、ドア前で一旦浮上し、空気層の有無の確認を行う。その後、水面上の捜索を行う。

　エ　室内（検索対象外）

　　　室内把握及び進入口捜索を目的とするため、水底を壁伝いに捜索する。

　オ　要救助者の救出（水面上）

　　⑺　B・Cに給気し、要救助者を確保する。

　　⑻　要救助者にフルフェイスマスクを装着する。

㋒　できる限り水面を移動し、要救助者の水没を防ぐ。

㋓　水中を搬送する距離が長い場合は、ハーフスケッドを活用して拘束する（パニックによる不穏状態を防ぐため）。

2－10　消防艇等との連携

　水難救助現場においては、情報収集、水没位置の特定など他隊の支援なしで潜水活動することは困難である。特に水面上において潜水隊員の支援に当たる水上消防隊との連携は必要不可欠なものである。

　なお、ここで述べる水上消防隊との連携とは、消防艇、指揮艇、舟艇、救命ボート等との連携をいう。

1　連携内容

(1)　潜水水域の深度（満潮、干潮）や水温、気泡や油の調査等、水面上における情報収集を行う。

(2)　消防艇等を活用した、水面上あるいは水底の検索救助活動を行う。

(3)　車両等の水中転落事故に際しては、水中探索機（ソナー）により水没車両等の検索活動を行う。

(4)　潜水隊員の搬送、エントリー、エキジット時の補助を行う。

(5)　潜水資器材の搬送、さがり綱の設定等、潜水活動に関わる支援活動を行う。

(6)　救出した要救助者を船上に引き上げ、応急処置を行い陸上へ搬送する。

(7)　消防艇等に国際信号Ａ旗を掲げ、他船接近の警戒監視、船上における安全管理を行う。

2 消防艇等を活用した検索方法

(1) 水中探索機（ソナー）を活用した検索方法

車両転落事故等においては、水没位置を特定することが重要である。水没位置が特定できれば、その周辺を潜水隊員により検索し、水没車両を発見することができる。

ア 水中探索機（ソナー）により水中を調査する。

イ 車両等の比較的大きな対象物を検索し、水没位置を特定することに有効である。

図 2 − 2 − 41

ウ 水没位置を特定した場合は、潜水隊員のさがり綱設定用アンカーを水底に投入する。

ポイント

名古屋市消防局の指揮艇には、さがり綱設定用アンカー（浮環付）を積載している。

(2) スバリを活用した検索方法

スバリによる検索で発見できれば、潜水活動時間を短縮できる利点がある。しかし、水底を濁し水中視界を失うことや、岩やゴミを誤って確保してしまうなどの信頼性に欠ける点もある。

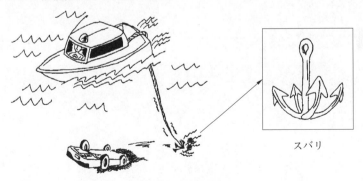

スバリ

図 2 − 2 − 42

ア スバリによる検索活動は、潜水隊員が到着するまでの間とし、水底を濁さないように注意する。

イ 発見した場合はそのまま確保し、ロープの先端に浮環を付け、潜水隊員

のさがり綱とする。

ウ　潜水活動との同時進行は、潜水隊員に危害を与える危険性があるため行わない。

エ　車両等の検索には適しているが、要救助者の検索は危害を与える危険性があるため適していない。

3　連携時の注意事項

(1)　夜間の災害において、陸上から消防艇等に向けて強力な照明を行うと、岸壁等の障害物が見にくくなり航行の支障となるので注意する。

(2)　万一の転覆に備え、乗船員はライフジャケット、ウエットスーツ等を必ず着装する。

(3)　潜水隊員が消防艇等の船尾へ接近すると、スクリューに巻き込まれる危険があるので注意する。

(4)　潜水活動中は二次災害防止のため、消防艇等のエンジン（スクリュー）を停止し、オール等を活用すること。

(5)　潜水資器材は、かなりの重量があるので乗船人数に注意するとともに、前後左右バランスよく乗船する。

ポイント

1　ボンベを背負っての乗船は転倒の危険があるので、なるべく手送りで積載する。

2　3点セット、水中ライト等の資器材は水中に落とさないようにメッシュバックに入れて積載する。

3　乗船したら直ちに低い姿勢をとり、潜水ボンベは転倒しないように背負うか横に倒しておく。

スキンダイビング・
スキューバダイビング技術

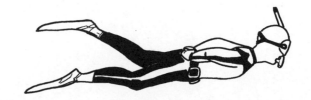

第1章　スキンダイビング技術

1－1　ウエットスーツ着装要領（ワンピース型）

1　ウエットスーツについて

　ウエットスーツは身体とウエットスーツとの間に少量の水が入り、その水を体温で温めることにより保温を図っている。よって、ウエットスーツは適正なサイズを確実に着装することが不可欠である。

2　ウエットスーツ着装要領

⑴　背中、両腕及び両足のファスナーをそれぞれ全開にする。

⑵　片足ずつ着装し腰までしっかり上げる。

⑶　腕も片腕ずつ着装し肩までしっかり入れる。

⑷　ブーツを履きブーツのファスナーを閉める。

⑸　両腕、両足のファスナーを閉める。なお、ウエットスーツがブーツの上にくるように着装する。

⑹　背中のファスナーを閉める。

⑺　時計はウエットスーツの上に少しきつめにはめる。

⑻　グローブを着装する。

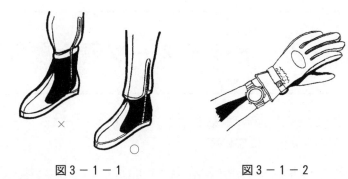

図3－1－1　　　　　　　　　図3－1－2

ポイント

1　現場でファスナー等を破損させると、活動できなくなってしまうこともある。背中のファスナーは破損防止のため、できる限り別の隊員に閉めてもらうようにする。

2　時計はウエットスーツの破損の原因となるため、着装前に外しておく。

3　汗で体が濡れていると滑りが悪く着装が困難となるため、汗を十分拭きとってから着装するとよい。

4　裏地がスキン生地のものは、ベビーパウダーを使用すると着装を容易にすることができる。

Q&A

なぜ時計のベルトはきつくしめるのか？

ウエットスーツの材質はネオプレンの独立発泡ゴム素材（スポンジ）のため、水圧により収縮するので時計のベルトがゆるみ、時計がずれることがある。

1－2　ドライスーツ着装要領

1　ドライスーツ（第Ⅳ編第1章1－3「ウエットスーツ・ドライスーツ」参照）について

　ドライスーツは、ウエットスーツと違い浸水してこない。したがって、保温性・保護性の面に関し優れており、浮力はドライスーツの方が増す。ただし、ドライスーツ着用時に、水中で激しい動きをしてしまうと、首や手首部分から浸水してしまい、ドライスーツの本来の目的を達し得ないことになる。よって、ドライスーツ着装時は激しい動きに注意する必要がある。他にも、ドライスーツ特有の危険性があるため、取扱いに際しては十分な訓練が必要である。

2　ドライスーツ着装要領

　ドライスーツの着装は必ず2人1組（着装者及び補助者）で行い、破損（特に手首・首の部分）には十分注意すること。

(1)　着装者は椅子等に腰掛け、足部を丁寧に入れていく。

図3－1－3

(2)　手首を通す（補助者が2か所、
　　着装者が1か所の計3点で手首部
　　分を広げた後、着装者はゆっくり
　　と行うこと。）。

図3－1－4

(3)　首を通す（補助者が2か所、着
　　装者が2か所の計4点で首部分を
　　広げた後、着装者はゆっくりと行
　　うこと。）。

図3－1－5

(4)　補助者がファスナーを閉める
　　（両手でしっかりつかみ、最後ま
　　でファスナーを閉める。）。

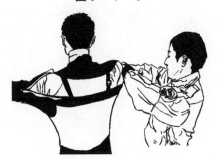

図3－1－6

ポイント

1　足を通す前にあらかじめズボンの裾を靴下の中に入れておくと足が通りやすい。
2　手首部分は動きによる浸水の可能性が高いので、手首のやや上部まで上げるとよい。
3　着装者は、ファスナーを閉める際に両腕を左右に広げ、体を前面で丸めるようにすると閉めやすい（背中の衣服等をはさみ込まないように注意）。
4　首部分は折り曲げてスキンが肌に接触するようにする。
5　着装後は体を丸めてしゃがみこみ、ネックシールと首の間に隙間を開け、余分な空気を排出する。

1－3　ウエイト調整

1　適正ウエイト調整方法

(1) スーツ・ウエイト・3点セット（第Ⅳ編第1章1－2「3点セット」参照）を装着し入水する。

(2) 肺に空気を吸い込んだとき、目線の位置に水面があるようにする。

(3) 肺の空気を吐くと水没できるようにウエイトを調整する。

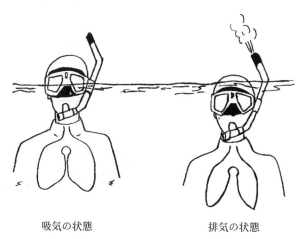

吸気の状態　　　　　　　排気の状態

図3－1－7

2　各資器材の浮力調査

マスク・シュノーケル・フィン（重量約1kg）	沈む
170cm程度のウエットスーツ・ブーツ（ウエイトを4kg装着）	沈む
人体	個人差があるが基本的には浮く

ポイント

1　前記 2 の浮力調査からもウェットスーツの場合、3 kg±1 kg程度のウエイトで中性浮力を保つことが目安。ドライスーツは、スーツ内のインナーにより浮力が変わる。
2　適正ウエイトであっても、水圧により体積が小さくなり水深 3 m付近から墜落が始まる。

Q&A

1　**潜るためにはウエイトを多く付けた方がいいのではないか？（オーバーウエイト）**
　　水深が深くなると水圧によりスーツ内の気泡が圧縮され、浮力が減少する。よって、水面で中性浮力であっても水中では常に浮力が足りない状態（マイナス浮力）となるため、オーバーウエイトで潜るということは、水中で浮力コントロールができなくなり潜水墜落を起こす危険性がある。また、検索活動や要救助者の水面への引き上げの際にも影響を及ぼすので、中性浮力の状態で潜ることが重要である。
2　**海の潜水活動ではウエイトを多くするのはなぜか？**
　　海水は淡水と比べて比重が重いことから、ウエイトを 1～2 kg程度付加する。

1－4　マスク・シュノーケルクリアー

1　マスククリアー要領

マスクの上部を軽く押さえ若干顔を上向きにして、軽く鼻から息を吐く。

図3－1－8

2　シュノーケルクリアー要領

パイプ内に溜まった水を、勢いよくプッと吹き出すことにより、水を排出する。

図3－1－9

Q&A

1　マスク・シュノーケルクリアーはどんなときにするのか？

　マスククリアーは、水中でマスク内に水が浸入し視界が不良になったときや曇ったときに行い、シュノーケルクリアーは、水面に浮上したときなどシュノーケル内の水を排除する必要がある場合に行う。

2　マスクが曇ったときはどうするのか？

　レンズの内面を洗い流すだけの少量の水をマスク内に入れるだけでよい。なお、曇り防止として潜水前にあらかじめレンズ内面に、曇り止め又は唾や海藻を塗りつけるとよい。

1 − 5　耳抜き要領

1　耳抜き要領

(1)　バルサルバ法

　医学辞書によれば、イタリアに Antonio Maria Valsalva（1666 − 1723）という解剖学者がいて、その名前に由来している。辞書には、「患者自身で行える耳管通気法である。鼻翼をつまんで両鼻孔を閉じ、かつ口を閉じて強い呼気努力を行うと、鼻咽腔の気圧が急激に高まり、空気は耳管を通して中耳へ入る（positive Valsalva）。同じ条件で逆に強い吸気を行うと鼻咽腔は陰圧となり、中耳の空気は咽頭へ出る（negative Valsalva）。本法は耳管通気検査法としても利用される。」となっている。耳管狭窄があれば通気できないので、耳管の狭窄あるいは炎症の判断に用いられたようである。

(2)　バルサルバ法以外（体質・体調によって、不可能な場合もある。）

　唾を飲み込む方法や下顎を左右に動かす方法がある。

図 3 − 1 − 10

2　トラブル対処方法

　潜降中に鼓膜が破れた場合、平衡感覚がなくなりパニックに陥りやすくなるが、無理に浮上しようとしないこと。体温と浸入してきた水が同じ温度になれば平衡感覚が徐々に戻るので、その後ゆっくりと浮上する。

破れた鼓膜は治るのか？
　破れた状態にもよるが、基本的には鼓膜は自然に再生される。なお、必ず医師の診断を受けること。

1－6　フィンワーク

1　良いフィンワーク

(1)　できるだけ水の抵抗を受けないようにするため、姿勢はやや胸を反らしぎみにし顔をやや前方に向ける。

(2)　両腕は楽に腰のあたりで手を組むようにする。

(3)　フィンを効率よく使用し推進力を得るために、つま先を伸ばしやや膝を曲げるような形で大きく上下に足を動かす。

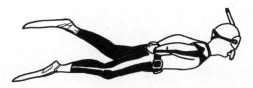

図3－1－11

2　悪いフィンワーク

上体が反り過ぎで抵抗が大きい

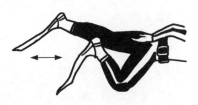
初心者によく見られる自転車こぎ

図3－1－12

ポイント

1　膝を極端に曲げて行う（自転車こぎの要領）と、推進力は得られず体力だけが消耗する。

2　基本としてはできる限り体力の消耗を防ぐため、速くフィンを動かすのではなく、前方に蹴り出すときに力強く大きく蹴り出してフィンの面積を有効に使い、フィンのしなりを活用する。

1－7　エントリー方法

1　エントリー要領

　指揮者は、隊員がエントリーする前に必ずエントリー場所の確認をすること。隊員はエントリー準備ができたら指揮者に対し「準備よし」と呼称する。隊員は指揮者の指示に従いエントリーすること。着水したならば直ちにマスク等の乱れを是正確認した後に浮上、異状がなければ指揮者に対しOKサインを出し着水場所を速やかに離れる。

ポイント

　入水した後、直ちに着水場所を離れるのは、次にエントリーする者のスペースを空けるため。また、ボート等のスクリューに巻きこまれるのを防ぐためでもある。

2　各種エントリー方法

(1)　ジャイアントストライドエントリー
　　　プールサイドや高低差のあまりない岸等からのエントリー方法。
　ア　マスクとシュノーケル、ウエイトベルトのバックルを手でしっかり押さえる。
　イ　歩くような感じで足を一歩前に踏み出す。
　ウ　フィンが水中に入ったら両足で水を挟むようにキックする。

図3－1－13

(2)　フィートトゥゲザー

　　高低差がある場合は、足を広げて入水すると股間を強打するためジャイアントストライドではなく、足を少し前後にずらした状態とし、着水後フィンの裏で水面をキャッチするようにする。

図 3 － 1 －14

(3)　バックジャンプエントリー

　　船や岸等からできるだけ離れて着水するためのエントリー方法。動いている船からエントリーできる利点もある。

ア　マスクとシュノーケル、ウエイトベルトのバックルを手でしっかり押さえる。

イ　後方確認し、背面から飛び込み身体をV̇の字にしてお尻から着水する。

図 3 － 1 －15

(4)　バックロールエントリー

ボート等からのエントリー方法。

ア　水面に背を向け、お尻が半分くらい出るように腰掛ける。

イ　マスクとシュノーケル、ウエイトベルトのバックルを手でしっかり押さえ、後ろへ倒れ込む。

ウ　ボートからの着水後は、船底に入

図3－1－16

りこんだりスクリューに巻きこまれたりするおそれがあるため直ちに遠ざかるようにする。

ポイント

1　水面及び水中の障害物をよく確認する。
2　エントリー直後、後に続く隊員や地上の隊員に異状がないことを知らせるために水面に顔を出し、ОКサインを送る。
3　お尻をしっかり出さないと水中に入ってから回転してしまう。

Q&A

どうして、マスク、ベルトを押さえるのか？

　入水時の衝撃でマスクがずれたり、ベルトのバックルが外れたりするのを防ぐため。

1－8　水面からの入水要領

1　素潜りについて

　素潜りは比較的浅く、透明度の高い場所で行われる最も簡便な潜水法である。素潜りを行うためには効率のよい入水方法の習得が必須である。

2　水面からの入水要領

(1)　水面泳法の姿勢から前屈するような感じで上半身を水中に倒す（体が直角に近い形になる。）。

(2)　膝を伸ばし両足を水面上へ突き上げるように伸ばす。

(3)　体全体が沈んできたらフィンキックで潜降する。

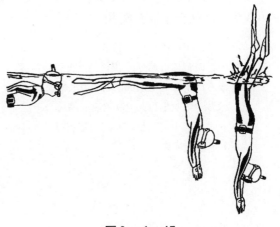

図3－1－17

ポイント

1　脚を上げるとその重みで体が沈んでいく。
2　フィンは水中に入ってから使い始める。
3　潜降するとき、腕は体を導くように下に伸ばす。
4　折り畳みナイフのような形になることから「ジャックナイフ」と呼ばれる。

第2章　スキューバダイビング技術

2－1　セッティング要領

1　スキューバセット（第Ⅳ編第1章1－6「スキューバセット」参照）セッティング要領

(1)　B・Cとボンベの取り付け

　　B・Cの背に合わせ、背負ったとき、後頭部を後ろに反らせても頭を打たない位置に、ボンベの空気吹出口がB・C側に来るようにセットする。Jバルブボンベの場合は、プルロッドを設定する。

図3－2－1

(2)　レギュレターの取り付け

　　ボンベのOリングの有無を確認しバルブにレギュレター（ファーストステージ）の口金を合わせ、セカンドステージレギュレター（以下「レギュレター」という。）が右側に来るようにヨークスクリューを指先で適度に締めつけ取り付ける。さらに左側の中圧ホースのカプラーを、パワーインフレーターに接続する。

図3－2－2

(3)　そく止弁の開放

　　残圧計を直接目視しないようにゲージ面を下（斜め）に向け、そく止弁をゆっくりと開き圧力を確認し、空気漏れの有無を調べ全開する。そして、その位置から1/2回転戻した位置にする。

図3－2－3

(4)　給排気テスト

　　パージボタンを少し押して空気が出るか、異臭等はないか確認する。次にマウスピースをくわえ、空気が正常に給排気されるかを確認する。

図3－2－4

(5)　B・Cの確認

　　B・Cに空気を入れ漏気等がないかを確認し、次にパワーインフレーターの排気ボタンを押し正常に排気されるか確認する。

2　注 意 点

(1)　レギュレターが右側にくるように取り付けるが、それは、左側に取り付けた場合、排気口が上になり、呼吸したときに水を吸いこむため。

(2)　ゲージ面を下（斜め）に向けて直接目視しないのは、ゲージには直接高圧がかかるので、ゲージ面が破裂し負傷する危険があるため。

(3)　そく止弁を全開から1/2回転戻すのは、全開の状態でそく止弁を何かに接触させてしまうと、破損の可能性があるため。

(4)　ボンベにレギュレターを着装する際にボンベの空気をレギュレターのダストカバー（メッシュ）に強力に吹き付けると、カバーを破損してしまうおそれがあるので注意すること。

(5)　パージボタンやパワーインフレーターなどのボタン類は、押して確認と同時に離してすぐ止まるかの確認も重要である。

2－2　エントリー方法

1　エントリーする際の注意点

⑴　指揮者は隊員がエントリーする前に必ずエントリー場所の確認をすること。また、水深や水底の状況が不明な場合は、安易に飛び込まず、水中の状況が確認された後にエントリーすること。

⑵　エントリー場所と水面の高低差が1mを超える場合には、フィン等の資器材の破損の可能性が高いため、スキューバセットを着装した状態では、原則実施しない。三連はしごを活用したエントリー等、飛び込まずに実施できる方法でエントリーすること。

⑶　隊員はエントリー準備ができたら指揮者に対し「準備よし」と呼称する。

⑷　隊員は指揮者の指示に従いエントリーすること。

⑸　隊員は着水したら直ちにマスク等の乱れを是正確認した後に浮上、異状がなければ指揮者に対しOKサインを出し、着水場所を速やかに離れる。

ポイント

　入水した後、直ちに着水場所を離れるのは、次にエントリーする者のスペースを空けるため。また、ボート等のスクリューに巻きこまれるのを防ぐためでもある。

2　各種エントリー方法

⑴　ジャイアントストライド（低い位置　0～3m程度）

　ア　右手でマスクとレギュレターをしっかり押さえ、あごを軽く引き、左手でゲージ、オクトパスを抱え込みウエイトベルトを握る。

　イ　指揮者の合図により足を1歩前に踏み出すように着水する。その際、前足はフィンの裏で後ろ足は足の甲で水面をとらえ、できるだけ沈まないようにする。

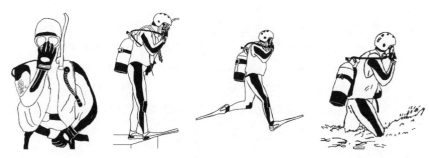

図 3 － 2 － 5

ポイント

レギュレターをくわえ、しっかりと手で押さえないと前歯等を損傷する危険が
あるので注意すること。

(2)　バックロール（後ろ向き・低い位置）

　ア　ボート等の縁に水面を背にして座り、右手でマスクとレギュレターをしっ
　　　かり押さえ、あごを軽く引き、左手でゲージ、オクトパスを抱え込みウエ
　　　イトベルトを握る。

　イ　お尻を縁の滑り落ちない位置まで突き出し、指揮者の合図により上体を
　　　少し丸め、お尻を滑らせるようにして着水する。

図 3 － 2 － 6

ポイント

1　舟艇での両舷からの 2 人同時エントリーは、合図と同時にエントリーできな
　いと、舟艇のバランスが崩れてしまう。
2　入水の際回転してしまうと方向感覚を失うことがあるので注意すること。

(4)　バックジャンプ（後ろ向き）

　　ア　岸壁等に水面を背にして立ち、右手でマスクとレギュレターをしっかり
　　　　押さえ、左手でゲージ、オクトパスを抱え込みウエイトベルトを握る。

　　イ　両足のかかとが出るくらいまで後ろに下がり、膝を軽く曲げ、あごを軽
　　　　く引き、指揮者の合図により後方に倒れこみ、体勢が保てなくなったとこ
　　　　ろで、軽く地面を蹴り後方に飛ぶ。着水は体がVの字になるようにしてお
　　　　尻から入る。

図 3 - 2 - 7

ポイント

入水の際回転してしまうと方向感覚を失うことがあるので注意すること。

2－3　レギュレタークリアー・レギュレターリカバリー

1　レギュレタークリアー

　レギュレターの中の水を排出するため、シュノーケルクリアーと同じ要領で息を吹き出し、水を排出する。

図3－2－8

　もう一つの方法としてパージボタンを押して行う方法がある。マウスピース内の吸気口に舌を押し当てパージボタンを押すことによりレギュレター内の水を排出する。

図3－2－9

2　レギュレターリカバリー

　レギュレターのセカンドステージを探し出す方法。右肩を少し下げ、右腕を伸ばしボンベの底に触れるように、後ろから弧を描くように前に回し、セカンドステージをつかむ。

図3－2－10

　また、右手を肩越しに後ろへ回し、ファーストステージからホース、セカンドステージへとたどり、つかむ方法もある。

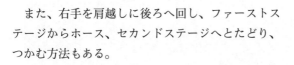

図3－2－11

2－4　水面移動・水中移動要領

1　水面移動要領

　全装備の移動は3点セットのときと比べて、体力を消耗する。水への抵抗を少なくするために、できる限り水面に対し平行を保ち、フィンをリズミカルにキックし、常に前方を注視すること。

2　水中移動要領

　3点セット時よりゆっくり大きくフィンを使うように行うこと。

2－5　潜降浮上要領

1　潜　降

(1)　右肩を少し上げB・Cのクイックバルブ（第Ⅳ編第1章1－6「スキューバセット」参照）で、エアーを抜く。

(2)　エアーが抜けゆっくり沈み始める。このとき、肺の中の空気を吐き出せば、もっと楽に沈むことができる。

(3)　沈み出したら前傾姿勢でゆっくりとフィンを動かし、目的の方向に進む。

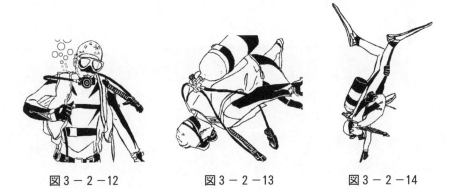

図3－2－12　　　　　図3－2－13　　　　　図3－2－14

ポイント

スピーディーに潜降するにはヘッドファーストが適している。足から潜降する方法では着底時にヘドロを巻き上げ視界不良となる危険性がある。耳の抜けが悪いときには、足からゆっくりと潜降してもよい。

2　浮　上

(1)　浮上するときはゆっくりと行う。

(2)　浮上する姿勢は水面を見上げ気道を開放し、上方の安全確認をしながらゆっくりと回転しながら浮上する。このとき、常に呼吸のリズムを崩さず、決して呼吸を止めてはいけない（肺破裂を起こすため）。

浮上速度について
1　高気圧作業安全衛生規則（第27条において準用する第18条）―毎分10m以下
　（毎秒約16cm以下）
2　海上自衛隊・Ｕ.Ｓ.ＮＡＶＹ―毎分9m以下
　などとしているが、実際の水中での目安として、吐き出した気泡の小さな泡と
同じ位のスピードで浮上するとよい。

Q&A

回転しながら浮上するのはなぜ？
　水中では陸上と違い音の聞こえる方向がわからない。マスクによる死角、船
舶の接近や浮遊物に注意するため周りに気を配る必要がある。

2－6　緊急浮上

1　目　的

　潜水中に、何らかのアクシデントでボンベとB・Cを捨てて水面に浮上しなければならない場合や、空気の供給がストップした状態でボンベを背負ったまま浮上する場合などスキューバダイビングには様々な緊急場面が想定される。このような場面での浮上にはいくつかの方法がある。

2　各種緊急浮上要領

(1)　緊急スイミングアセント

　　バディがおらず、エアー切れ若しくはエアーが無くなりかけている状況において、レギュレターをくわえたまま水面まで息を吐き続け、上昇する方法（浮上することでボンベのエアーも膨張するので呼吸できる可能性がある。）。必ずウエイトベルトを付けて浮上速度を管理すること。

ポイント

　浮上に際してはB・C内のエアー（浮上につれて膨張し、浮上速度が増す。）、周囲の状況にも十分に注意すること（以下全ての浮上に共通）。

Q&A

息を吐かず浮上するとどうなるの？
　息を吐かずに浮上すると、肺の中の空気は浮上につれて膨張し、肺破裂等の危険な状況になる。

(2)　オクトパスブリージングアセント

　　潜水中エアー切れなどの理由で空気の供給が停止したとき、バディから空気を分けてもらって浮上する方法。
　ア　空気の供給がストップした時点で、バディにエアー切れの合図を送る（第3章3－1「水中サイン」参照）。

図3－2－15

イ　バディはオクトパスを取り、エアー切れのダイバーの目の前に差し出す。

ウ　エアー切れのダイバーは、オクトパスを受け取り自分のレギュレターと交換して口にくわえる。

エ　レギュレタークリアーをして通常の呼吸をする。

オ　その後お互いしっかりと相手のボンベの首を保持しあい、浮上の合図を行ってから浮上を開始する。

図3－2－16

Q&A

ボンベの首って？

ボンベの首

ポイント

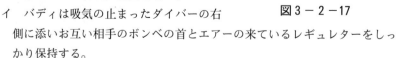
浮上するときは絶対に呼吸を止めないこと。また、上方の障害物等にも十分配慮すること。

(3)　バディブリージングアセント

潜水中、エアー切れなどの理由で空気の供給が停止し、バディのオクトパスがない場合に、バディとレギュレター交換をしながら浮上する方法。

ア　空気の供給がストップした時点で、バディにエアー切れの合図を送る。

図3－2－17

イ　バディは吸気の止まったダイバーの右側に添いお互い相手のボンベの首とエアーの来ているレギュレターをしっかり保持する。

ウ　バディは空気を吸い、給気の止まったダイバーの口にレギュレターを渡す。給気の止まったダイバーはレギュレタークリアー後、2回呼吸しバディ

にレギュレターを返す。

図3－2－18　　　　　　　　図3－2－19

エ　バディも同じように2回呼吸し、また相手に返す。こうして2回ずつ呼
吸をして相手に渡す動作を繰り返す。

オ　浮上の合図後、浮上速度に注意して水面まで浮上する。

ポイント

1　レギュレター交換後の呼吸をするとき、必ずレギュレタークリアーを実施す
ること。これをせず呼吸すると水を一緒に吸い込みパニックを引き起こす要因
となる。また、エアーを与える側に余裕があることからバディへの気遣い、周
囲の状況等を確認する。

2　浮上中レギュレターで呼吸をしていないときは必ず気道を確保し、息を吐く
こと。

Q&A

どうして右側？　左側ではダメ？

レギュレターは中圧ホースが右側からきているため、左側からバディに中圧
ホースをねじれのないように渡すと、レギュレターが上下反対になり排気口が
上になってしまうため、呼吸をすると水を吸い込んでしまうから。

(4)　フリーアセント

バディがおらず、緊急的にウエイトベルト及びスキューバ器具を取り外し、
浮力を得て確実に水面へ浮上する方法。気道を確保するように上を向き、肺
の中の空気を徐々に吐き出しながら周囲の状況に注意して浮上する。浮上速
度はウエイトベルト及びスキューバ器具を取り外しているため管理できない。

(5)　全装備脱後浮上

緊急時における脱出法のテクニックの一つとして、水中でスキューバ器具
を取り外し、そこから脱出する方法。これは、水中で魚網その他に器具が拘
束されたときなどに行う。全装備を脱し、レギュレターを口から外し、フリー

アセントにて浮上する。

ポイント

1　水中拘束された場合に一度装備を脱ぎ、拘束物を排除、もう一度着装し浮上する方法もある。
2　マスク・フィンは、拘束されていなければ外す必要はない。また、ウエイトにあっては浮力が必要なときには外す（浮上速度に注意が必要。）。

2－7　中性浮力

1　目　的

　　中性浮力とは水中において深度に合った浮力を一定に保つことをいい、潜水深度により圧力変化が起き、それに伴いウエットスーツ内の気泡も変化し浮力が変わる。

　　浮力の変化が潜水活動に及ぼす影響としては、例えば検索活動において一定の深度を保つことが難しくなり、沈みすぎになると、ヘドロ等を巻き上げ視界不良になり検索が困難になる。

　　また、浮きすぎになると、検索漏れ等を起こし確実な検索が実施できなくなってしまう。このようなことを防ぐためには一定の深度を保てる技術を身につける必要がある。

　　対処法としてはフィンキックで対処する方法、B・Cで調整する方法、さらには肺（呼吸）による浮力調節の方法がある。ただし、フィンキックによる方法では、体力の消耗、そして空気の消費量が増える等の悪影響を及ぼすためB・C及び肺（呼吸）により調整することが適切である。以下のような方法で肺（呼吸）での浮力調節を確認することができる。

2　フィンピボット実施要領

(1)　水底でうつ伏せ状態になり、インフレーターの排気ボタンを押して、B・C内の空気を全部抜き、浮力がつかない状態にする。次にインフレーターの給気ボタンの給排気により浮力調整をする。このとき、呼吸により、吸ったときに体が少し浮き上がるように、吐いたときに体が沈み込むように調整する。なお、このときの姿勢は、膝を軽

図3－2－20

く伸ばした状態で、フィンの先のみがプールの底に軽くつくように訓練する。

(2)　次いで、呼吸量（肺中の空気量）のみで一定の水深を保つことができるようにするため、呼吸をコントロールする。その際、吸いすぎて呼吸を止めると浮力がつきすぎるので注意する。

図3－2－21

ポイント

　浅い水深では、適正ウエイトならば肺のみの浮力調整で中性浮力をとる。水中でのB・Cへの吸気は急浮上の危険性があることを認識しておくこと。潜水ボンベの種類やスーツ、資器材等によって、ウエイト量が変わるため、常にボンベや活動環境にあったウエイト量を把握することが重要である。

2-8　ドライスーツ取扱い

1　ドライスーツの注意事項

　ドライスーツはウエットスーツと違い、身体とスーツの間にエアーを入れるため、B・Cと同じようにエアー量に注意が必要である。

　バルブ等の故障によるエアーの多量な流入、足部にエアーが移動しすぎることによる急浮上等が考えられる。よって、このときの対処要領及びエアーの出し入れの訓練が必要である。

2　取扱い要領

(1)　給排気要領

　水中においてドライスーツ内にエアーを送るとき、給気ボタンを押し続けることによりエアーが大量に混入し急浮上のおそれがある。これを防ぐために給気ボタンを断続的に押す癖をつけ、急浮上の防止に努めること。

　また、排気については、ドライスーツの排気ボタンの位置を確認し、エアーが出やすいよう排気ボタンが一番高くなる姿勢を保ち排気すること。排気ボタンの取扱いは給気ボタンと同様。

図3-2-22　給　気

図3-2-23　排　気

(2)　吹き上げ対処法

　水中においてドライスーツの給気ボタンなどの故障により、一気に大量の

エアーがドライスーツ内に入って急浮上することを吹き上げという。特に足側にエアーがたまると逆立ち状態となり体勢を立て直すことが非常に難しい。最近のドライスーツでは足首に排気ボタンが付いているものもあるが、ない場合、いち早くエアーを抜かなければ急浮上の危険性がある。これを回避するためには足のエアーを排気ボタンの位置まで素早くもっていく必要がある。

　その方法として逆立ち状態の場合、前方に回転し身体を真っすぐに伸ばし呼吸を吐きながら排気ボタンでエアーを排出する。また、排気ボタンではエアーの排出が間に合わないとき、首の裾部分を手で広げてやることにより大量のエアーを排出することができる。この場合、ドライスーツ内に水が混入してくるので首裾の開け閉めは素早く行うこと。

図3－2－24

ポイント

1　回転したとき、身体が曲がっているとエアーが上方に行かず、上手く排気ができなくなるので、必ず身体を真っすぐ伸ばすこと。
2　吹き上げを起こした際に浮上速度を抑える方法として、両手両足を水面に対して平行に大の字に広げる方法もある。

図3－2－25　首からの
　　エアー排出

図3－2－26　吹き上げによる浮上速度の
　　制御姿勢

2－9　全装備脱装着

1　目　的

　　緊急時における脱出法のテクニックの一つとして、水中でスキューバ器具を取り外し、そこから脱出する方法がある。これは、水中で魚網その他に器具が拘束されたときなどを想定した訓練である。この脱装着を身につけることにより、水中でのトラブルに冷静に対応できる。

2　全装備脱装着要領

(1)　全装備脱装要領

　ア　B・C、ボンベ

　　まずはじめに水底に到着したら、ボンベとセットになっているB・Cを脱ぐ。このとき、レギュレターホースが右側から来ているので左手から抜き、ボンベを右から回すように水底に置く。

図3－2－27

イ　マスク、フィン

　　マスク及びフィンを外す。
　　なお、順序はどちらでもよい。

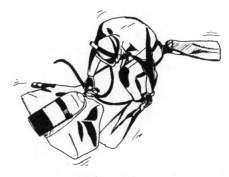

図 3 − 2 − 28

ウ　ウエイト

　　ウエイトをスキューバセット の中央にボンベを押さえる ように置く。

図 3 − 2 − 29

エ　最後にレギュレター を口から離し、フリー アセントで空気を吐 きながら水面に浮上 する（息を絶対に止 めないこと。）。

図 3 − 2 − 30

(2)　全装備着装要領

　ア　ウエイト

　　　水面で呼吸を落ち着かせた後、再び水底
　　に潜り最初に体が浮かないようウエイトを
　　着装する（ウエイトを着装する前にレギュ
　　レターを取ってもよい。）。

図3−2−31

　イ　呼吸の確保

　　　レギュレターを口にくわえ、レ
　　ギュレタークリアーを実施し呼吸
　　を確保する。

図3−2−32

　ウ　マスク及びフィンを着装する。
　エ　脱装とは逆の順序でボンベを背負う。
　オ　着装ができたらゆっくりと浮上する。

第3章　合図・結索

3－1　水中サイン

1　必ず覚えておくべき世界共通の水中手信号

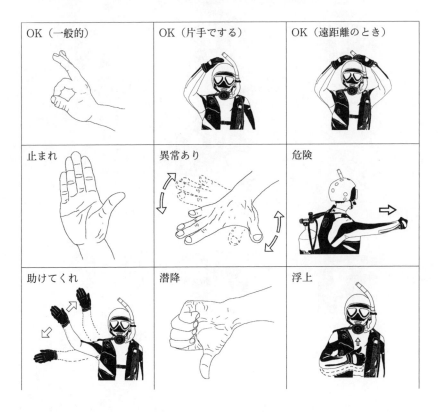

2　覚えておくとよい通常よく使われる水中手信号

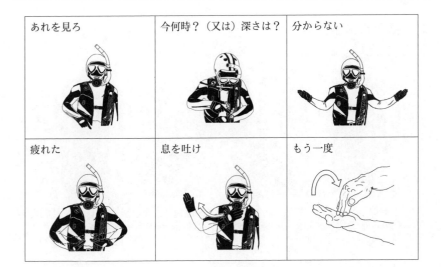

あれを見ろ	今何時？（又は）深さは？	分からない
疲れた	息を吐け	もう一度

3　数字による信号

「1」	「2」	「3」	「4」
			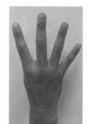
手を握り、人差し指のみ伸ばす。	手を握り、人差し指と中指を伸ばす。	手を握り、親指、人差し指と中指を伸ばし、他の指は曲げる。	手を開き、親指のみを曲げる。
「5」	「6」	「7」	「8」
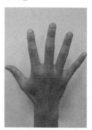			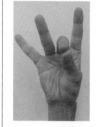
手を開き、指を全て伸ばす。	親指で小指を押さえて、他の指は伸ばす。	親指で薬指を押さえて、他の指は伸ばす。	親指で中指を押さえて、他の指は伸ばす。
「9」	「0」		

親指で人差し指を押さえて、他の指は伸ばす。	親指と他の指で輪を作る。		

4　ロープによる信号要領

ロ　ー　プ　信　号			意味（送信）	意味（返信）
1	回　ひ	く	展張完了又は止まれ	了　解
2	回　ひ	く	前進せよ（進め）	了　解
3	回　ひ	く	集まれ又は近寄れ	了　解
4	回　ひ	く	浮上せよ	了　解
連		続	発見又は緊急時	

ポィント

　ロープ信号を送っても応答がない場合には、応答が返ってくるまで何度でも送信すること。

3－2　潜水活動で使用する結索

1　ひと結び

2　とめ結び

3　フューラー結び

4　本結び

5　ひとえ継ぎ

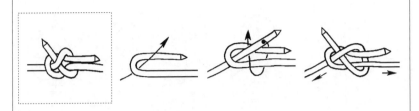

6　ふたえ継ぎ

7　イカリ結び

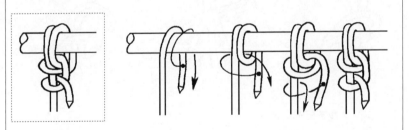

8　もやい結び

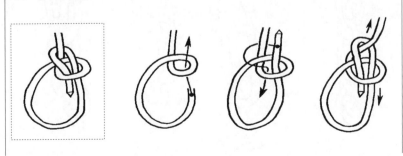

9　巻き結び

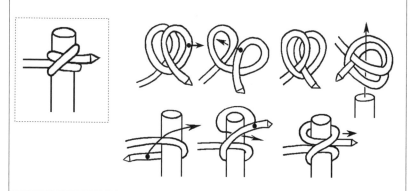

10　エイトノット

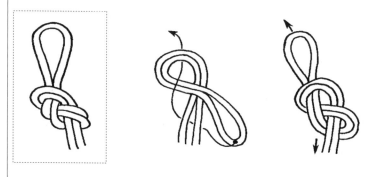

11　シングルチェーンノット

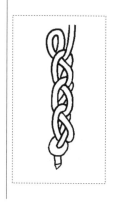
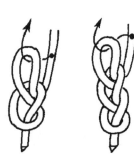

12 ダブルチェーンノット

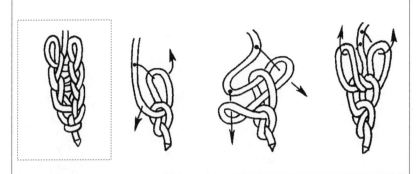

13 ダブルフィッシャーマンノット

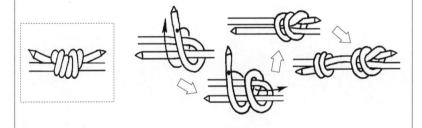

14 つめ結び

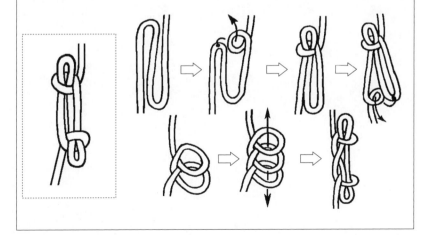

第IV編

資器材

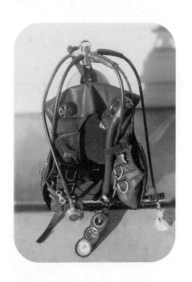

第1章　個人資器材

1－1　PFD

1　PFD（個人用浮力胴衣）Personal Flotation Device

Personal（個人）Flotation（浮く）Device（物）の略であり、一般的な救命胴衣ではなく、流水活動対応にはPFDの配置が必要である。

FORCE 6　レスキューPFD
（浮力12kg）

mont・bell　リバーランナープロ
（浮力7.5kg）

2　流水救助用PFDに求められる要件

(1)　流水環境に見合った適切な浮力を有する。

静止水において隊員個人の頭部を確実に浮かせる浮力は、おおむね体重の10％であり、この数値に見合った浮力が最低浮力となる。しかし動水圧、水理現象など外的な力を多分に受ける流水中や、救助活動においてはさまざまな器具を携行して水中に進入することから、この数値よりもさらに2～3kgの余剰浮力が必要である。

(2)　確実な着装システムを有する。

流水救助におけるPFDには、高浮力が求められるが、身体とのフィット

感が最も必要である。流水中においてもＰＦＤだけが浮き上がって身体が浮力の補助を受けない状態にならないよう、確実なフィット機能が不可欠である。

(3)　緊急解放ベルト（クイックリリースベルト）の装備

　　ロープによる身体確保を行った後に流水に進入する場合、ロープを直接、身体及びＰＦＤに結着することは原則的な禁忌事項であるが、これを避けて確保ロープを装着するためには、クイックリリースベルトの使用が必須である。

(4)　救助用付加装備

　　カラビナ等が収納できるポケット、リバーナイフが確実かつ簡易に装着できるナイフクリップが装備されていること。

1 － 2　3点セット

1　マスク

　人間の眼は水中の光の屈折をうまく補正できないため、物をハッキリ見ることができない。マスクは目の前に空気の層を作ることで、物を見やすくする。

(1)　形状

　　目と鼻を覆うタイプであり、水深に応じて耳抜きを行う必要があるので、楽に鼻をつまめるデザインがよい。

(2)　レンズ

　　丈夫で割れにくく、割れても細かく砕けない硬質焼入ガラス（TEMPERD GLASS）を選ぶ（プラスチック製は細かい傷がつきやすく強度がない。）。

(3)　サイズ

　　マスクを顔にあてストラップを装着せず鼻から息を吸い込むと、顔に合ったマスクなら手を離しても顔と接した部分から空気が漏れることはなく、マスクが落ちることはない（空気が漏れるなら、潜水中そこから水が浸入してくることになる。）。

ポイント

　流れのある所で三眼レンズを使用していると、容積が大きいため抵抗となり、マスクがずれてしまい活動の支障になる場合がある。

2　シュノーケル

人間は頭の比重が重いので、水面移動など
で頭を高く上げた状態では楽に泳ぐことがで
きない。頭を水平に保ったまま楽に呼吸する
ためには、シュノーケルが必要である。

(1)　マウスピースの大きさ

　マウスピースが大きいとあごが疲れやす
く、小さいとくわえづらい。また、硬すぎ
ると口の中を切ったり、軟らかいとマウス
ピースを食いちぎることもある。

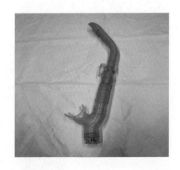

(2)　長さ

　長すぎると呼吸抵抗が大きくなり、シュノーケルクリアーがやりにくい。
短いと先端が波などで水面下に没し、水を吸い込んでしまう。

> **ポイント**
> 1　右側からレギュレターが来ることを考え、シュノーケルは左側に装着する。
> 2　名古屋市消防局では、シュノーケルクリアーが楽にできるようにシュノーケ
> ルの下部に弁の付いたものを採用している。

3　フィン

フィンを上手に使いこなすことで、強い推進力を得て楽に速く泳ぎ、すばや
く潜ることができる。

(1)　硬さ

　初心者や脚力のない人は軟らかめを、上達するにつれ硬めのフィンを使用
するとよい。

(2)　サイズ

　サイズはブーツを履いた状態で合わせる（素足での使用は危害防止、保温
の観点から避けること。）。

(3)　全体の大きさ

　長さ、幅等多種多様でそれぞれ使用上のクセがある（極端に長いもの、幅
広のものは潜水活動の支障となる。）。

(4)　ブーツタイプとストラップタイプ

　ストラップタイプの方が調整幅は広いので、足の大きさに合わせやすい。

ポイント

1 軟らかいフィンは推進力を得るためにはピッチ泳法になり、硬めのフィンは強い推進力を得られるが足が疲れやすい（使いやすさと快適性は反比例の関係にある。）。
2 名古屋市消防局では、ドライスーツを着用することがあるのでストラップタイプを使用している。

ブーツタイプ

ストラップタイプ

1−3　ウエットスーツ・ドライスーツ

1　ウエットスーツ

　水中での身体の保護、保温、そして浮力が得られる。材質はネオプレンの独立発泡ゴム素材（スポンジ）で内部の気泡が水と皮膚を遮断し、また水中ではスーツと肌との間に少量の水が入ることにより、その水を体温で温め、更にスーツ内部の気泡が熱を奪われにくくしている。

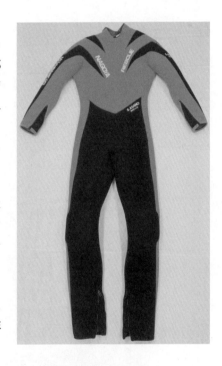

(1)　サイズ

　　ダイビング用のウエットスーツは圧迫がなく高いフィット感が必要なので、細かく採寸するフルオーダーが望ましい。

(2)　生地

　　一般に3mm厚と5mm厚が使用され、5mm厚は3mm厚に比べると、着脱性に劣るものの保温力が強い。

(3)　素材

　　片面スキン（ゴム）、両面スキン、両面ジャージ等がある。

(4)　「糊付け」と「縫い付け」

　　「糊付け」は水漏れに強く、「縫い付け」は強度が高い。肘や膝等外部と接する部分にはパッドが施されているものがよい。

ポイント

　スーツの素材は非常にデリケートで傷つきやすく、また破れやすいので爪を立てたり強く引っ張ったりすることのないよう注意する。
　名古屋市消防局では、
1　隊員に合わせフルオーダーである。
2　緊急時の着装のしやすさ（車両内も含む）を考慮して、着脱しやすい両面ジャージ（ファスナー付き）タイプを使用している。

2　ドライスーツ

　寒い時期の潜水活動にはドライスーツを着用する。ドライスーツはつま先から首、手首までを水と遮断して、身体が濡れないように設計されている。

(1)　種類

　ウエットスーツと同じネオプレンゴムを素材としていて高い保温性が特長だが、着脱がやや難しく、ウエットスーツに比べ浮力が大きいため、ウエイトを多めに装着しなければならない。

| ① | 吸　気　バ　ル　ブ | ② | 排　気　バ　ル　ブ |

ポイント

　名古屋市消防局では、高い保温性と車内での着脱性を考慮して、救助服を着たまま着用できるネオプレンタイプのドライスーツを使用している。

(2)　構造

　ア　シール

　　　手首と首のシール（ゴム）部分はドライスーツの要である。

　イ　防水ファスナー

　　　ファスナー自体の構造はもとより、十分な密閉性と強度が必要。

　ウ　給気バルブ

　　　ドライスーツは、レギュレターから中圧ホースを通じて空気を取り入れる。

　エ　排気バルブ

　　　ドライスーツ内の空気を排出するバルブは、ほとんどの製品でスーツの左肩付近に取り付けられていて、給気バルブ同様、重要部分である（スーツ内の圧に応じて自動排気を行うタイプもある。）。

ポイント

1　ドライスーツはブーツ着用時より大きなサイズのフィンが必要になるので、フィンはストラップタイプの方が調整しやすい。
2　ドライスーツは事前に十分取扱い訓練をしてから使用する。
3　ドライスーツの着脱は破損防止のため、必ず2人1組で協力して行う。
4　空気の流入の ON・OFF を行う給気バルブは、ほとんどの製品で胸の中央部分に取り付けられていて、このバルブが誤作動を起こすと大変危険なので保守管理はもちろん、活動開始前の点検も怠らない。

1－4　ウエイト・ウエイトベルト

1　ウエイトベルト

　ウエットスーツやドライスーツを着用すると水中では浮力が働くので、スムーズに潜降するためにはウエイトと呼ばれる鉛製の重りをウエイトベルトに通して装着する。

2　ウエイト設定要領

(1)　自分の適正ウエイトを知る（第Ⅲ編第1章1－3「ウエイト調整」参照）。

(2)　ベルト

　　ア　ウエイトベルトは装着して、バックルから30cmほど余る長さにする。

　　イ　緊急時、右手の簡単なアクションでウエイトベルトが外せるよう、端末処理はしない。

　　ウ　ウエイトは、バックルを挟んで体の前方に左右均等に分ける（水中で気を失っても姿勢は下向きになって、水が気管に入りにくい。）。

ポイント

1　搬送するときは、ウエイトベルトを折り返して持つか、バックルを下にして持つ（ベルトからウエイトが滑り落ち、落下により足の指等をけがしないようにする。）。

2　メッシュバッグにウエイトを収納するとメッシュ部分が破れやすい。また、鉛は簡単な衝撃により、穴が潰れてウエイトベルトが通らなくなるおそれがあるので、ウエイトベルトに設定した状態でバッグに巻いて止めるか、輪にして別に置いておく。

ウエイトベルト

収納方法（例）

1－5 手袋・ブーツ・ヘルメット

1 手 袋

水中では手の保護のためにグローブを必ず着用する。素材はメッシュ＋ネオプレン素材（夏用）と厚手のネオプレン素材（冬用）とがある。

夏用

冬用

ポイント

潜水活動で革手袋を使用すると滑りやすく、鋭利なもので簡単に切れてしまうので使用しない。

2 潜水ブーツ

滑りやすい場所（岩場や岸壁）を歩くことが多く、足を保護するためにも底はラバー製でしっかりと溝の彫られたものがよい。

(1) サイズ

　フィンを履くことを考えて、足先等に隙間ができないサイズを選ぶ。

(2) 素材

　ウエットスーツと同じネオプレンゴムが使

われていることが多く、そのほとんどは底がラバー製になっている。

3　ヘルメット

　動水圧、水理現象など外的な力を多分に受ける流水中においては、急流スポーツ用ヘルメットが必要である。同ヘルメットは軽く、かつ水に浮き、フィット機能も高く、何よりも水抜き穴が開けられているのが特徴である。この水抜き穴は、流水救助活動中、救助者が流水中に沈んだ状態で何らかの異形物に捕捉されてしまった場合、ヘルメットが非常に強い動水圧を受けてしまうのを防ぐ効果がある。よって、保安帽は使用してはならない。

1－6　スキューバセット

1　レギュレター

　ボンベ内の高圧空気を減圧して供給する装置で、現在二つの減圧ステージを中圧ホースで結んだタイプが主流である。

　ボンベ内の高圧空気は、ファーストステージ（第1減圧部）で0.8〜1MPa程度に減圧され、セカンドステージ（第2減圧部）でダイバーが楽に呼吸できるよう水深に応じた周囲圧に減圧されている。

ポイント

　レギュレターは、水中でのライフライン（生命維持装置）なので、使用保管に当たり細心の注意を払うこと。

⑴　ファーストステージ（第1減圧部）

　高圧空気孔（H.P）と低圧空気孔（L.P）の二つの空気取出し孔がある。

　ア　高圧空気孔（H.P）

　　ボンベ内の高圧空気をそのまま取り出す孔で、通常シーゲージ（圧力計等）が接続される。

　イ　低圧空気孔（L.P）

　　セカンドステージレギュレター、オクトパスレギュレター（予備のセカンドステージレギュレター）、パワーインフレーター用ホース、ドライスーツ用の給気ホー

ファーストステージ

ス等が接続される。

(2) セカンドステージ（第2減圧部）

　　ファーストステージから供給された空気を、水深に応じて楽に呼吸できる
圧力まで減圧する。呼吸方式として、一般的なマウスピースと、汚水対策な
どに有効なフルフェイスマスクがある。

ア　パージボタン

セカンドステージ

　　セカンドステージのフェイス中央
についているボタン。このボタンを
押すと0.8～1MPaの空気が勢いよ
く出てくる。

イ　マウスピース

　　シュノーケルと同じく、硬すぎず
軟らかすぎない、かみごこちのよい
ものを選ぶ（交換可能）。

ウ　フルフェイスマスク（第2章2－2「ダイバーフォン」参照）

　　ダイバーフォンで使用している、ＡＧＡ及びガーディアンのマスクがあ
る。

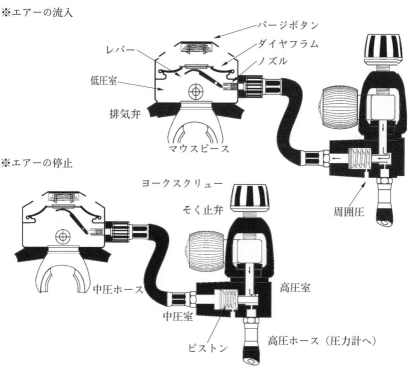

※エアーの流入

※エアーの停止

図4－1－1　空気の流れ

① ボンベから出た高圧空気は高圧室から中圧室に入る。
② 中圧室の空気圧が規定圧（レギュレター製品ごとに違う。）になるとピストンを押し出して進入口を塞ぎ、高圧空気の流入を制御する。
③ マウスピースを口に当て空気を吸い込むと低圧室に負圧が生じダイヤフラムを引っ張る。
④ ダイヤフラムに接しているレバーがノズルを開き、中圧ホースから低圧室に空気が流れ込む。このとき中圧室の圧力が下がり、周囲圧（水深によって変化する。）とスプリング（0.8～1 MPa）の力でピストンが戻り高圧室の進入口も開く。
⑤ 呼吸を止めるとダイヤフラムと共にレバーが戻ってノズルが閉まる。
⑥ 吐いた空気は排気弁から逃げ、水中に放出される。

Q&A

良いレギュレターとは？

1　呼吸抵抗が少なく、楽に呼吸できる。
2　ボンベ内の圧力が変化しても、常に安定した量の空気を供給できる。
3　水中での姿勢変化によって水が浸入したり、呼吸抵抗が変化しない。
4　故障が少なく、万一故障しても空気の供給が止まらない。
5　メンテナンス、サービス体制が整っているメーカーのもの。

オクトパスレギュレターとは？

1　メインのレギュレターの不調、バディや他のダイバーにアクシデント発生時の緊急バックアップ空気供給源である（実際はバディや他のダイバーにアクシデントが発生したとき、アクシデントを起こしたダイバーはパニック状態になり、救助者のくわえているレギュレターを取りに来ることがあるので、自分自身を守ってくれるケースが多い。）。
2　オクトパスレギュレターはすぐに取り出せるような位置にセットする。

2　ゲージ（シーゲージ）

ゲージの主な目的は、ボンベ内の空気の残圧を適正に表示してダイバーに知らせることにある。現在普及している製品のほとんどは水深計やコンパスがセットされており、水中での各種情報の確認を容易にしている。

(1)　水深計

潜水中の水深を測るために使用され、現在水深とは別に、最大水深で停止する停止針の設けられた製品もあり、減圧計算などに便利である。

(2)　残圧計

ほとんどの製品が、実際の数値より僅かに低い数値を示すよう設定されている。

(3)　コンパス

陸上と違い、水中では方向感覚が鈍る。水中の透明度が低い場合や検索活動中にコンパスが役立つ。ダイビング用のコンパスは液体が封入された磁気コンパス（マグネチック・リキッドタイプ）である。

ポイント

1　陸上用のコンパスは水中で破損するおそれがあるので使用しない。
2　水中は陸上より暗く見通しも悪いので、ゲージは読み取りやすいメーターが必要で、文字盤や針に発光塗料を使ったメーターや、液晶メーターの場合はバックライト機能が付いた物もある。
3　長期間使用しても狂わないものを使用するのはもちろん、定期的に専門業者へ点検を依頼する。
4　名古屋市消防局では、年1回をめどに専門業者へ点検に出している。

3　B・C（Buoyancy Compensators）

　袋状のジャケットで、水面ではダイバーの浮力を助け、水中では浮力変化の調節を助ける器材である。B・Cはバックパック（ボンベを取り付けるための背負い板）がセットされた前開き式ジャケットで、ボンベや口からジャケット内の空気を給排気するインフレーターホース、ジャケット内から自動で空気を放出するオーバープレッシャーバルブと手動で放出するクイックバルブ、そしてベルトとバックルがセットされている。

(1)　丈夫な素材

　　岸壁や転落車両などに接触することによりダメージを受けるので、救命胴衣を改造したものや、破れやすい素材は使用しない。

(2)　機能

　　緊急時のホイッスル、検索ロープやライト等、備品を携行できるポケットやフックの備わったものがよい。

(3)　着脱性

　　水中トラブルが発生し、スキューバ器材を水中に置いてくるケースも考えられるので、すばやく着脱できるサイズで楽に肘が通り、ベルトを締めたときにがさつかないものがよい。

(4)　操作性

　　ベルトのバックルは簡単に取り外しできるもの。不用意にボンベの締め具がゆるまないもの。パワーインフレーターやクイックバルブが楽に操作できるもの。また、膨らませたときに肩まで空気が入るものが望ましい。

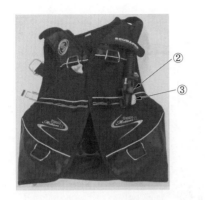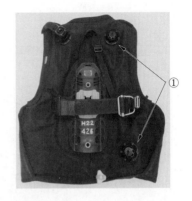

①	ダ　ン　プ　バ　ル　ブ	③	オーラルインフレーター
②	パワーインフレーター		

ポイント

状況に応じてB・Cを膨らませたり、しぼませたりするので、ベルトには余裕をもたせておくこと（身体とベルトの間に握りこぶしが一つ入る程度）。

4　ボンベ

(1)　材質

　　クロームモリブデン鋼製又は耐蝕アルミニウム合金製。表面には亜鉛メッキが施され、樹脂コーティングがされている。

(2)　刻印

　　ボンベの肩の部分には刻印があり、表示は次のとおりである。

　　製造番号・製造年月日・再検査年月日・重量（W）・容積（V）・試験圧力（T.P）充填圧力（F.P）・充填気体（「クウキ」「AIR」）

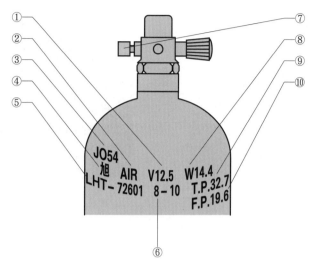

図4－1－2

① Vはボリュームの意味で、タンクの内容積（L）。この場合は内容積12.5L
② タンクに充填するガス名
③ 登録番号（高圧ガス保安協会の登録番号・名古屋市はJ054）
④ タンクを製造したメーカーのマーク
⑤ タンクの記号及び番号。番号は製造検査順に連番で記されている。
⑥ 製造し、検査に合格した年月のことで、この場合2010年8月製造である。
⑦ 安全栓
⑧ Wはウエイトの意味で、タンクの重量（kg）。この場合14.4kgのタンクの重量
⑨ テスト圧力32.7MPaで合格
⑩ 常用充填圧力19.6MPa

> **ポイント**
>
> 1 T.P、F.Pについては、国際単位への移行に伴い、kgf/cm²表示をしている
> ものは、MPa表示したラベル（例：150kgf/cm²→14.7MPa・200kgf/cm²→19.6
> MPa）を添付している。
> 2 F.Pとは、「フィーリング・プレッシャー」の略称である。

(3) バルブ

　開閉機能だけのKバルブ、開閉機能にリザーブバルブが付属しているJバ
ルブの2種類がある。

Kバルブ

Jバルブ

ボンベ（Jバルブ）取扱い説明

リザーブバルブ付空気ボンベ

　リザーブバルブとは、ボンベの圧力が約2.9MPa（約30kgf/㎠）に低下したとき、空気の供給を徐々に停止させ、残りの空気が少ないことを知らせる装置である。

　供給が止まったらリザーブバルブレバーを下げることで残りの空気（約2.9MPa）を吸うことができる。

　リザーブバルブを作動させた時点で水中作業は中止して浮上する。

リザーブバルブのレバーを上げた状態
（START. CLOSE）

リザーブバルブのレバーを下げた状態
（REFILL. OPEN）

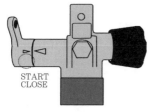

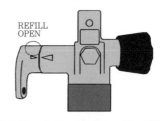

※通常使用時・保管時の状態

※リザーブバルブ開放時・ボンベ充塡
　時の状態

リザーブバルブ構造

1　通常使用時

2　ボンベ圧力が2.9MPa
　未満になりリザーブバル
　ブが閉じた状態

3　リザーブバルブを開放
　した状態

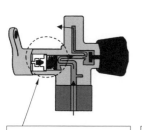

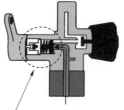

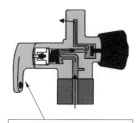

レバーを上げた状態でもボンベ圧力が2.9MPa以上あればリザーブバルブが押し開けられる

ボンベ圧力が2.9MPa未満になるとリザーブバルブのスプリングの力が勝り、空気を遮断する

レバーを下げることで空気の遮断を解除し、ボンベの残り2.9MPaを使用し浮上することができる

⟹　空気の流れ

⑷　安全弁（セーフティープラグ）

　　タンク内に異常な圧力が発生したときに、タンク内の空気を放出するよう
バルブに安全弁（セーフティープラグ）がはめ込まれている。

Q&A

安全弁が作動する条件は？

1　F．P．150のボンベで180～200kgf/cm²以上の圧力がかかったとき。

2　温度が200℃前後になったとき。

ポイント

1　ボンベは直射日光の当たらない、夏季でも温度が40℃以下の場所に保管する。

2　1年以上放置された充填済ボンベは空気の入れ替え（再充填）を行う。

3　ボンベ及びバルブは高圧ガス保安法により、5年ごと（平成元年4月1日以降のボンベにあっては5年ごと、それ以前の古いボンベにあっては3年ごと）に耐圧テストを受けなければならない。

4　ボンベは、充填されているガスの種類を示すために表面積の1/2以上をそれぞれ決められた色で塗装することとされている（空気の場合はネズミ色）。また、ガス名を白色文字で表示してある（充填ガスの種類によって識別されている。）。

温度による圧力変化

F．P．150kgf/cm²（14.7MPa）用				F．P．200kgf/cm²（19.6MPa）用		
温　度	圧力kgf/cm²	圧力/MPa		温　度	圧力kgf/cm²	圧力/MPa
0	127.6	12.51		0	170.1	16.68
10	134.0	13.14		10	178.8	17.53
20	140.4	13.77		20	187.2	18.36
30	146.8	14.38		30	195.8	19.20
※35	150.0	14.71		※35	200.0	19.61
40	153.2	15.02		40	204.3	20.03
50	159.5	15.64		50	212.7	20.86

※　充填圧力は温度35℃が基準。

　ボンベ内の空気の温度が上がると、圧力は上昇し安全弁が作動する。

ポイント

高圧ガス保安法　第1条
　この法律は、高圧ガスによる災害を防止するため、高圧ガスの製造、貯蔵、販売、移動その他の取扱及び消費並びに容器の製造及び取扱を規制するとともに、民間事業者及び高圧ガス保安協会による高圧ガスの保安に関する自主的な活動を促進し、もつて公共の安全を確保することを目的とする。

Q&A

潜水ボンベにおける高圧ガスとは？
　常用の温度において、圧力が1MPaとなる圧縮ガスであって、現にその圧力が1MPa以上であるもの、又は温度35℃において圧力が1MPa以上となる圧縮ガス。

1－7　携行資器材

1　水中ナイフ

　活動中、絡まったロープや魚網、釣り糸等を切断するほか、レバーやハンマーとしての役目や、ボンベをたたくことにより他のダイバーの注意を促す用途もあるので必ず携行する。

　ステンレス製かチタン製の錆びない素材（荒目の砥石で時々研いでおくこと）で、さや付きの一体成型（折りたたみ式でないもの）の抜刃がワンタッチで行えるものがよい。

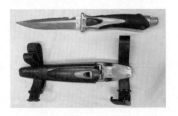　　

潜水ナイフ　　　　　　　　　　　　リバーナイフ

2　水中時計（ダイバーウオッチ）

　正確な潜水時間を知るためにも潜水時には携行しなければならない。

ポィント

高気圧作業安全衛生規則　第37条第３項（潜水作業者の携行物）
　事業者は、潜水作業者に携行させたボンベからの給気を受けて行う潜水業務を行うときは、潜水作業者に、水中時計、水深計及び鋭利な刃物を携行させるほか、救命胴衣又は浮力調整具を着用させなければならない。

時計にもいろいろあるが？
　ダイビング専用のもので、経過時間を計りやすくするベゼルのついたもの、ウエットスーツの上からも装着できるようバンドの長さが調節できるものがよい。

3　水中ライト

　透明度の悪い水域での潜水活動において、水中ライトは昼夜を問わず必需品である。また、非常信号用具としても使用できる。

(1)　耐水性

　必ず専用品を使用する。通常の簡易防水ライトは水中では壊れやすい。

(2)　機能

　十分な光量を有し、簡単に ON／OFF が操作できること（腕に通せるベルトかB・Cに装着できるグリップ付きのものがよい。）。

ポイント

　水中ライトは、消灯状態で水につけると浸水のおそれが、逆に陸上で長時間点灯状態だと放熱ができず、オーバーヒートを起こしてしまう。エントリー前とエキジット後には、必ず ON／OFF を切り替えること。

4　ホイッスル

　河川急流部や洪水時の増水河川など、瀬音・流音の激しい中でもよく音が抜ける、高周波の笛音を発するもので、濡れた状態でも音が確実に出るよう共鳴室に球体が存在しない構造で作られたもの。

5　スローバッグ

　直径8〜12mmのフローティングロープ（水の表面に確実に浮くロープ）を収納するバッグで、ロープの長さは約15〜25m必要である。流された要救助者に向けて投げ、ロープをつかませる。一つだけでなく複数のスローバッグを準備することでバックアップとなり、要救助者がロープをつかむ可能性が高くなる。収納バッグ自体にも十分な浮力がある。

6　フラッシュライト（テクタイトストロボトーチ）

　一定の間隔で点灯するライトで、視界の不良な水中においても隊員同士の位置が確認できることにより、隊員の精神的負担が軽減される。また、安全管理上においても有効である。

ポイント

1　隊員の腕やB・C等の見やすい位置に装着する。
2　ドライスーツを着用して腕に装着する場合は、排気ボタンの操作に支障のない位置に装着する。
3　キャップを締めずにエントリーすると、浸水し故障の原因となるのでフラッシュライトが点灯することを確認してからエントリーする。

7　エアーホイッスル（ハンマーヘッド）

　ボタンを押すことにより広域音（到達距離：水面約20〜30m、水中約5m）を発し、バディ同士の連絡や注意を促すことが可能となる水中コミュニケーション用の道具である。

　中圧導管とB・Cのパワーインフレーターの間に接続する。

ポイント

　名古屋市消防局においては、レスキューコール同様、緊急用の伝達手段として各隊員に配置し使用している。緊急用ばかりでなく音による隊員間の信号伝達手段としての使用方法もある。

Q&A

1　ハンマーヘッドの音が聞こえる距離は？
　　平成13年1月に名古屋市消防局が名古屋港において水温8℃、水深3.5m、透明度約1m、底質ヘドロの条件下で検証した結果、次のとおりであった。
　⑴　水面到達距離25m
　⑵　水中到達距離5m
2　ハンマーヘッドのエアー消費量は？
　　Ｆ.Ｐ.19.6MPa用ボンベを使用した場合、45秒で約1MPa減る。

8　アクアブザー

　タンク内の空気残量を知らせるブザーであり、3.5MPaになると、泡と音で警告する。

第2章　その他の資器材

2－1　A旗（アルファー旗）

　船舶等が航行する水域における潜水活動に際しては、「潜水作業中」を表示する信号旗（A旗）を浮標又は舟艇等に掲げる。

　信号旗は、国際海事機関が採択した国際信号書に定めるA旗とする。

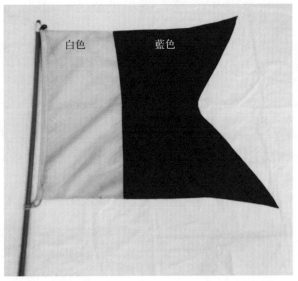

白色　　　　藍色

　「この旗の下にダイバーが潜っています。スピードを落として避けて通ってください。」という意味をもっている。

国際信号旗　A旗（アルファー旗）

2－2　ダイバーフォン

　ダイバーフォンは、船上（陸上）に設置した水中通信機と、トランシーバー付きフルフェイスマスクを装備した船上（陸上）間及び潜水隊員同士のコミュニケーションを可能にした無線通信システムである。

1　形式等

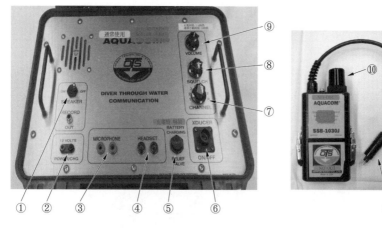

船上局
（OTS　アクアコム　STX－101M）

ダイバー局
（OTS　アクアコム　SSB－1030J）

フルフェイスマスク（AGA）

フルフェイスマスク（ガーディアン）

2　各部の名称

①	スピーカースイッチ	⑦	通信チャンネル選択スイッチ	⑬	バ　イ　ザ　ー
②	（外部電源／バッテリー充電器）接続端子	⑧	スケルチ調整ボリューム	⑭	ドレンボタン
③	マイクロホン接続端子	⑨	音量調整ボリューム	⑮	PTTボタン（PTT：プッシュ・トゥー・トーク）
④	ヘッドセット接続端子	⑩	トランスデューサー	⑯	セカンドステージレギュレター
⑤	充電用リリーフバルブ	⑪	ハイユースコネクター	⑰	中圧ホース接続口
⑥	トランスデューサー接続端子	⑫	水面呼吸器	⑱	排気パージカバー

3　諸　元

(1)　STX－101M（船上局）

ハ　ウ　ジ　ン　グ	防塵・防滴型ハウジング／ABS樹脂製
バ　ッ　テ　リ　ー	12V（6V　鉛バッテリー×2）又は外部電源　充電時間14時間、約12時間寿命
バッテリー充電時間	14～16時間
送　信　出　力	10W
送　信　周　波　数	チャンネル1～8（25.0～32.7kHz）
交　信　距　離	3,000m（静かな海）／約300m（荒れた海）
作　動　温　度	0～60℃

(2)　SSB－1030J（ダイバー局）

バ　ッ　テ　リ　ー	単三アルカリ乾電池（8本）又はニッケル水素バッテリー
送　信　出　力	10W
送　信　周　波　数	CH1→32.7kHz、CH2→28.5kHz、CH3→25.0kHz
交　信　距　離	3,000m（静かな海）／約300m（荒れた海）
使　用　温　度	0～60℃
耐　圧　深　度	120m（バッテリー内蔵時）

4　接続手順

(1)　船上（陸上）局

ア　トランスデューサー端子を接続する（接続すると自動で電源が入る。）。

イ　外部スピーカー端子、ヘッドホン／マイクロホン端子を接続し、スピーカースイッチを IN 又は OUT に設定する。

ウ　トランスデューサーを1.8m以上の深さまで水中に下ろし、電源スイッチを ON にする。

エ　音声が受信できたら、ボリューム、スケルチ感度を聞こえやすいように調整する。

(2)　ダイバー局

ア　フルフェイスマスクを、レギュレターの中圧ホースに接続する。

イ　ダイバー局ハウジング内のバッテリースナップコネクターが接続されていることを確認し、ハイユースコネクターとフルフェイスマスクを接続する。

ウ　潜水セットに取り付ける。

5　注 意 点

(1)　船上（陸上）局本体は、防水ではないので防水保護し、使用後は汚れ、水分、塩分を拭き乾燥させてから収納する。

(2)　船上（陸上）局のバッテリーを充填する前に、水素ガス抜きネジを開ける。

(3)　ダイバー局ハウジング内のバッテリースナップコネクター接続時には、配線の挟まり等、断線に注意する。

6　そ の 他

(1)　チャンネル、音量、送信方法の変更は、ＰＴＴボタンを2回連続で押すことで行うことができる。

(2)　無線通信操作は、ＰＴＴボタンによる手動通信（ＰＴＴ）と、音声感知自動送信装置によるボイスオペレーション（ＶＯＸ）の2種類がある。

(3)　フルフェイスマスクは汚水、冷水に有効である。

(4)　エネループ等のニッケル水素充電池を使用する場合は、単三10本使用とする。

2 - 3　水中スピーカー

　水中スピーカーは、潜水中のダイバーに対し、連続音、断続音又は音声送信による呼びかけや、パネルスピーカーから水中の音声等を聞くことができる通信機器である。

1　形　式

　　DRS-100B　ハイドロホンシステム

2　各部の名称

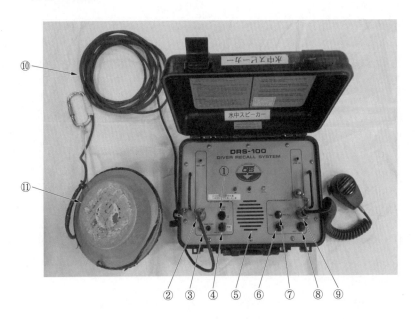

①	リリーフバルブ	⑤	フロントパネル スピーカー	⑨	マイク端子
②	トランスデューサー 接続端子	⑥	ボリューム調整 つまみ	⑩	トランスデューサー ケーブル
③	外部電源 充電端子	⑦	トーン／リコール	⑪	トランスデューサー （水中スピーカー）
④	ボリュームスイッチ 水中マイク聴音	⑧	プッシュ ツー・トーク		

3　諸　元

到　達　距　離	サイレン　半径500m以上（静かな海） 音声　　半径200m以上（静かな海）
入力電圧・電流	ＤＣ24Ｖ・7Ａ
音　声　出　力	リコール及びトーン　132W（高出力モード時） 音声　　　　　　　　131W（最大時）
トランスデューサー 耐　　　　　圧	水深約7m
トランスデューサー ケ　ー　ブ　ル	約7.5m
バ　ッ　テ　リ　ー	充電式12Vバッテリー×2（直列）
バ　ッ　テ　リ　ー寿命	使用率20%で5時間（リコール／トーン・モード） ＡＵＸ入力端子使用で3時間（ボリュームレベル中）

4　操作方法

(1)　本体のトランスデューサー・コネクター・カバーを外す。

(2)　トランスデューサー・ケーブルの端にある、ＭＳコネクター（オス側）を確認する。

(3)　そのＭＳコネクターを本体のコネクター（メス側）に接続し、確実に固定されるまでグリッパーリングを回す。

(4)　トランスデューサー（水中スピーカー）を水中に沈め、ロープを固定物に結び付ける。

(5)　ボリュームスイッチを右に回しユニットを起動させる。

(6)　ハイドロホン・ボリュームを適正な音量にセットする。

5　注意事項

(1)　トランスデューサー・ケーブルだけでトランスデューサーの重量を支えることはできないので、ロープなどで結び付けること。

(2)　充電の際、水素抜きのネジを必ず外し、充電後は爆発の危険性があるため15分経過するまでシステムを作動させないこと。

(3)　充電時間は完全放電時で14時間であり、14時間以上は行わないこと。

(4)　使用後はフロントパネルからコネクター類全てを取り外し、付着した塩分や水分を取り除き、よく乾かしてから保管すること。

6　その他

　「トーン・リコール」のトグルスイッチは、左に倒すと連続のサイレン音、右に倒すと断続のサイレン音を鳴らすことができる。

2－4　水中探査装置

1　形　式

MITSUI　RTV-50

2　各部の名称

①	テ レ ビ カ メ ラ	⑦	水 中 ケ ー ブ ル	⑬	電 源 ス イ ッ チ
②	水 中 照 明 灯	⑧	ビークルコネクター	⑭	左　　　　　　手 ジョイスティック
③	そ　　　　　り	⑨	表　　示　　器	⑮	右　　　　　　手 ジョイスティック
④	ス ラ ス タ ー （ 推 進 機 ）	⑩	ジョイスティック コ ネ ク タ ー	⑯	マ イ ク ロ ホ ン
⑤	吊 り 金 具	⑪	照 明 灯 ス イ ッ チ	⑰	カ ラ ー テ レ ビ モ　ニ　タ　ー
⑥	浮　　　　　子	⑫	映像出力コネクター	⑱	Ｖ　　Ｔ　　Ｒ

3　諸　元

(1)　本体

使　用　深　度	最大50m
外　形　寸　法	約53（長さ）×34（幅）×33（高さ）cm
空　中　重　量	約9kg（パラスト分を除く。）
速　　　力	前進最大約2ノット 潜降最大約2ノット
テ レ ビ カ メ ラ	カラー（ＣＣＤ）　水平解像度320本 最低被写体照度10ルクス レンズ　F1.8　4.8mmオートアイリス
水 平 ス ラ ス タ ー	出力40W　3台（前後進／旋回／俯仰）
水 中 照 明 灯	ハロゲン100W 1灯（型番　ＪＣＤ－100Ｖ100W）
水 中 ケ ー ブ ル	長さ　70±1m　外径11mm
深　度　表　示	ＬＴＤ表示
方　位　表　示	ＬＴＤ表示
ト　リ　ム　表　示	ＬＴＤ表示

(2)　電源表示装置

電　　　　源	ＡＣ100Ｖ　50／60Hz
寸　　　　法	約45（長さ）×30（幅）×22（高さ）㎝
重　　　　量	19kg

(3)　ジョイスティック装置

寸　　　　法	約20（長さ）×9.5（幅）×14（高さ）㎝
重　　　　量	1.2kg

4　点検（使用時）

(1)　カメラ部への漏水確認

　　ビークル本体を水中に入れて、カメラ部の漏水確認をする（漏水の場合は、使用しない。）。

(2)　水中照明灯

　　空中での作動確認は、瞬時点灯のみとする（ハロゲン球使用のため、数秒で焼き切れる。寿命約100時間）。

(3)　自動トリムコントロール

　　空中での作動確認終了後は、必ず自動トリムスイッチをOFFにする。

5　使用上の留意事項

(1)　誤作動防止のため、各部接続後に電源コードを接続する。

(2)　電源は、ＡＣ100Ｖ、0.7kVA以上で使用する。

(3)　水中照明灯は、水中からビークルを上げるときは、必ず消灯すること。

(4)　ビークルのプロペラの付近に手や指を近づけないこと。

(5)　深度50ｍまで使用可能（水中ケーブルは、70ｍ）。

(6)　電源装置、ジョイスティック装置は、直接雨や波がかかる場所に置かないこと。

(7)　海水での使用は、ウエイト（70ｇ×3）をつける。

6　使　用　後

　　ビークル本体、水中ケーブルは、必ず水洗いを確実に実施すること（海水使用時は、水槽に入れ塩抜きを実施すること。）。

2 − 5　水中位置検知装置

　この装置は、制御ユニット・送受波器・トランスポンダの3点により構成され、トランスポンダの位置を制御ユニットの画面上に表示できるため、潜水隊員にトランスポンダを装着することにより、水中での位置を把握できる。

1　形　式

　　スーパーショートベースライン

2　各部の名称

① 　② 　③

④

① 送受波器
　トランスポンダとの音響通信をするための機器
② 制御ユニット
　トランスポンダの位置を表示
③ パソコン
　制御ユニットで表示されない詳細なデータを表示
④ トランスポンダ
　送受波器からの呼び出し信号に対し自動応答するセンサー

3 諸 元

(1) 制御ユニット

方　　　　　式	スーパーショートベースライン
測　定　距　離	0～300m（1mステップ）
測　定　深　度	0～50m（1mステップ）
制御トランスポンダ数	6台（最大8台）
表　示　方　式	自船中心の距離座標表示
重　　　　　量	約2kg

(2) トランスポンダ

受　信　周　波　数	19.608～22.727kHz
受　信　感　度	150μV
応　答　周　波　数	19.231kHz
応　答　出　力	5W
測　深　範　囲	1～50m

2－6　ライトロール

　ライトロールは、自発光するワイヤーで構成された照明装置であり、夜間等の無視界潜水時に検索活動の基線として、また暗渠に進入しないための目印として使用するものである。

通常

点灯時

1　形　式

　L50－WP

2　諸　元

長 さ ・ 径 ・ 色	50m・約5.3㎜・ライムイエロー
操 作 モ ー ド	2モード（点灯・点滅）
重 　 　 量	本体10.5kg（電池含む。）
電 　 　 源	アルカリ乾電池12本／パック×2パック　内蔵式
作 動 時 間	連続点灯8時間　点滅16時間（バッテリー2パック切替時）
強 　 　 度	引張り強度20kg　踏みつけ強度120kg・100回以上
耐 　 　 圧	水深約100m

3　その他

(1)　ワイヤーリールは防水・耐圧構造、電源部は防滴構造である。

(2)　重り等を使用する場合は、20kg以下のものを使用する。

(3)　ワイヤーはキンク、ねじれに弱いため、曲がりが半径10㎝以上に収まるように設置する。

2-7 シャークPOD

シャークPODは電子サメ除け装置である。

1 型 式

シャークPODダイバー・ユニット.

2 各部名称

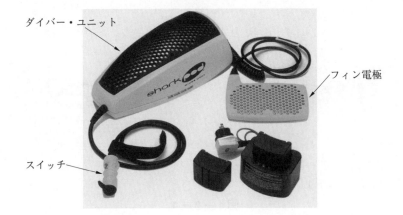

ダイバー・ユニット

フィン電極

スイッチ

3 諸 元

(1) ダイバー・ユニット

総 重 量	水中で0.944kg
水 密 性	水深約50m

(2) バッテリーパック

種 類	ニッカド多重セル・パック
電 圧	完全充電13.9V
充 電 時 間	約80分

4　操作方法

　　シャークPODは、ケーブルで接続した三つの部品（本体・フィン電極・スイッチ）から構成されており、ダイバー・ユニットの『本体』はストラップでボンベに固定、『フィン電極』はダイバーのフィンの片方、『スイッチ』はB・Cの適当な箇所に装着する。スイッチをONにするとダイバーの周囲に楕円形の微弱電撃電界が形成される。

　　ダイバーの背中とフィンに取り付けた電極からは、目に見えない微弱電撃電界が球状に形成され、図3－2－3のような形で、最大7mのところまでダイバーの身体を中心とする全方向に、ほぼ等しい防護力を発揮する。

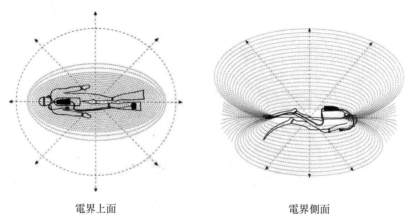

電界上面　　　　　　　　　　　　電界側面

図4－2－1

5　使用上の注意点

⑴　スイッチのLEDランプは緑色の状態が使用可能。赤ランプが点滅したら浮上すること（赤ランプ点灯後15分間電界が維持される。）。

⑵　バッテリーは完全充電状態ならば約75分で赤ランプが点滅する。赤ランプが常時点灯するとディープ放電となり電界が形成されない。

⑶　バッテリーをディープ放電（10V以下）させないこと。ディープ放電させると複数のセルが駄目になり戻らない。

⑷　フィン電極を他のダイバーに当てない。

⑸　塩分の少ない水域（河口や入り江等）では電界強度が低下し、効力が落ちるため使用しない。

⑹　電界に反応しないサメも存在する。

2－8　救命ボート（ＦＲＰ製）

　このボートは下の図に示すように4ブロック（区画）で構成されており、締付ボルトにより各ブロックを組み立てる。また、Cブロックに、溺者の収容等が容易にできるハッチがある。

1　各部の名称

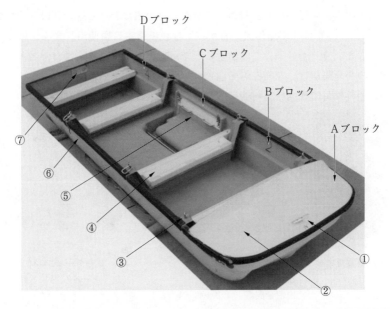

①	ク　リ　ー　ト	④	ベ　　ン　　チ	⑦	エンジンクランプ受　　　　　　板
②	船　首　カ　バ　ー	⑤	ハ　　ッ　　チ		
③	ア　イ　ナ　ッ　ト	⑥	艇　　　　　　体		

2　諸　元

寸　法	全　　長	3,870mm
	全　　幅	1,500mm
	深　　さ	540mm
重　　　　量		約120kg
定　　　　員		5名（船外機取付け時）

3　夜間航行について

　名古屋市消防局の小型舟艇の、日没から日の出における航行（以下「夜間航行」という。）は「①船外機を外す　②白色携帯電灯を使用　③ろかいによる航行」という三つの条件を満たすことで可能となっている。なお、名古屋市消防局の小型舟艇は、左右舷灯・白色灯・航海用レーダー反射器を備えているため、船外機付で夜間航行可能となっている（平成27年11月現在）。

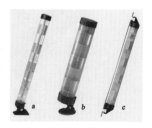

白色携帯電灯本体　　　左舷灯（紅色）　　　　　レーダーリフレクター
　　　　　　　　　　　右舷灯（緑色）　　　　（レーダーを反射する航海用具）
　　　　　　　　　　　白色全周灯（マスト灯＋船尾灯）

2－9　救命ボート

1　形　式

アキレス（ＦＲＢ－124・ＳＧ－156Ｋ）

2　各部の名称

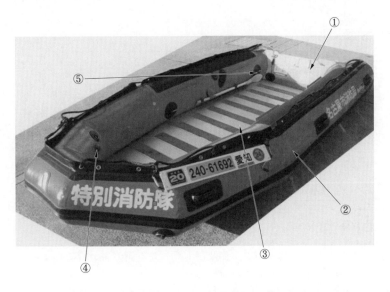

①	ト ラ ン サ ム	④	エ ア ー バ ル ブ
②	空 気 室	⑤	ク レ ー ン フ ッ ク
③	底 板		

3　諸　元

⑴　ＦＲＢ－124

構　造	気　室　数	4
	底　板	組立式
寸　法	全　長	375cm
	全　幅	161cm
	チューブ径	43cm
重　量	本　体	70kg（底板55kg）
搭乗人員	最　大	5名

⑵　ＳＧ－156Ｋ

構　造	気　室　数	6
	底　板	組立式
寸　法	全　長	426cm
	全　幅	190cm
	チューブ径	60cm
重　量	本　体	70kg（底板55kg）
搭乗人員	最　大	8名

4　そ の 他

⑴　クレーンフックはフロント側及びトランサム側の4か所にあり、船外機を
　取り付けた場合でも吊り上げ可能。
⑵　ゴムボートには、専用のエアーガンが付属され6つの気室全てにエアーを
　充気可能。5型ボンベ1本分で1艇の充気が可能。
⑶　夜間航行については、2－8「救命ボート（ＦＲＰ製）」参照。

2－10　船外機

1　形　式

YAMAHA船外機（M9.9A）

Honda船外機（BF15D　BALJ）

2　各部の名称

(1)　M9.9A

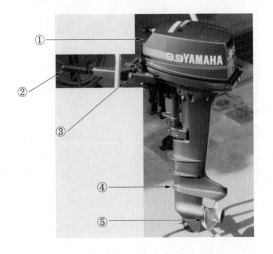

①	トップカウリング	③	トランサムクランプハンドル	⑤	プロペラ
②	スロットルグリップ	④	キャビテーションプレート		

(2)　BF15D　BALJ

①	カ　　バ　　ー	③	クランプハンドル	⑤	吸　　水　　口
②	スロットルグリップ	④	ア　　ン　　チ キャビテーション プ　レ　ー　ト	⑥	プ　ロ　ペ　ラ

3　諸　元

(1)　M9.9A

シ リ ン ダ ー 数	2
総　排　気　量	247cc
最　高　出　力	9.9ps/4,800rpm
ト ラ ン サ ム 高	444mm（S）　　571mm（L）
始　動　方　法	リコイル式ハンドスターター
点　火　方　法	ＣＤイグニッション
点　火　プ　ラ　グ	Ｂ－7ＨＳ
燃料タンク容量	24L
全　　　　　長	810mm
全　　　　　高	1,197mm（L）

全　　　　　幅	335mm
重　　　　　量	37kg

(2)　ＢＦ15Ｄ　ＢＡＬＪ

シ リ ン ダ ー 数	2
総　排　気　量	350cc
最　高　出　力	15.0ps/5,500rpm
ト ラ ン サ ム 高	433mm
始　動　方　法	リコイル式スタータ
点　火　方　法	ＣＤＩ式（フライホイール　マグネット点火）
点　火　プ　ラ　グ	ＣＲ５ＥＨ－９（ＮＧＫ） Ｕ16ＦＥＲ９（ＤＥＮＳＯ）
燃 料 タ ン ク 容 量	12Ｌ
全　　　　　長	650mm
全　　　　　高	1,110mm
全　　　　　幅	350mm
重　　　　　量	46.0kg

2－11　検索用資器材（潜水）

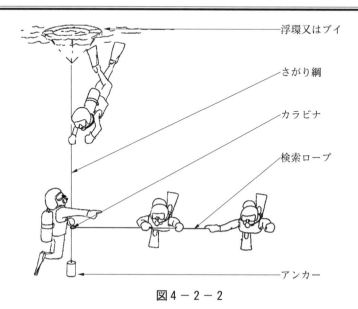

図4－2－2

1　浮　環

(1)　形式

　　　ＰＣ－25型

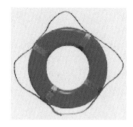

(2)　仕様

重　　　　量	2,880 g
浮　　　　力	25kg
浮　力　材	耐油性発泡樹脂
寸　　　　法	786×429×83mm

2　ブ　イ

主に流水下で使用され、円形のため流れの影響を受けにくい。

3　レスキューフロート

　本来、水面において強い流れに流されたとき、ボンベ内の空気や呼気で膨らませ、水面上方に筒状に伸びることで目印となり、ダイバーの位置を知らせるものであるが、名古屋市消防局では、水中において水没車両からフロートを伸ばすことで、地上において車両位置の特定を行うことを目的として使用している。

4　さがり綱

　浮環とアンカー間に使用する綱で、アンカーとの結索部分や障害物との摩擦に耐えられる強度があるものを選ぶ。テンションがかかるため、5〜8mm程度のロープを使用する。

5　検索ロープ

　水中検索時に使用するロープであり、水の抵抗、振動や信号の伝達を考慮し、細い索を使用するが、水底の障害物に擦れても切断することのない強度がある

ロープを選定する。

ポイント
名古屋市消防局では、ポリプロピレン製3〜3.5mmを採用している。

6 フローティングロープ

さがり綱、車両引き上げ時の斜潜降ロープ及び河川を横断する際の渡し綱等に使用する。

(1) 特徴

ポリプロピレンを使用しているので水に浮く。

(2) 諸元

	12mm三つ打ちロープ	6mmポリプロピレンロープ
材　　質	ポリプロピレン	ポリプロピレン
引張強度	18kN以上	0.9kN以上
比　　重	0.91	0.91

ア 注意点

(ア) フローティングロープは摩擦熱に弱いのでリペリング降下には使用しない。

(イ) 水中での結索は、ロープに浮力があるので、手元から離れないように注意する。

イ 水難救助でフローティングロープを使用する利点

(ア) さがり綱を編み込むときに、余長が水面に集まるため水中拘束の危険が少ない。

(イ) 浮力があり水底まで沈むことがなく、水底の障害物等に絡まりにくい。

(ウ) 流れのある河川でナイロンロープを使用した場合、水中に沈み水流の抵抗を多く受けることとなるが、フローティングロープは、水に浮くのでナイロンロープに比べ水流の抵抗が少ない。

ポイント
名古屋市消防局で使用しているフローティングロープ
1 12mmの三つ打ちロープ
2 6mmのポリプロピレン製ロープ

7　アンカー（重り）

水中検索時、検索ロープの支点として使用するので、ある程度の重量があるものを選定する。しかし、重量が重すぎると、水面搬送が困難となることを考慮し選定する必要がある。

20kg鉄製アンカー

ダンフォースアンカー

ポイント

名古屋市消防局では、20kgの鉄製アンカー又はダンフォースアンカーを採用している。潜水水域の流れや水底の状況に応じて使い分けている。

8　カラビナ

携帯用潜水器材（水中ライト、ナイフ等）を携帯するときや、さがり綱へ検索ロープを固定するときに使用する。

ポイント

アルミ、ステンレス等錆びにくいものがよい。

9　担　架

水面での要救助者の搬送及び地上への救出時に使用する担架であり、浮力を増すためにフロートが取り付けられたものや、網目状にすることにより水が溜まることを防ぐものがある。

フローテンションカラー付
バスケットストレッチャー

ワイヤーバスケットストレッチャー

10　エッジローラー

　水没車両の引き上げ等で、岸壁の車止めに設定することで、水中用ワイヤーの保護及び摩擦抵抗の軽減を図るもの。

11　水中測深機

　耐圧構造の測深機であり、79mまでの水深を測定することができる。

第3章　各資器材の保守管理

　海水の塩分や油、プールの塩素は潜水器材の劣化を早めるので、使用後は器材をそのまま放置せず、水洗いしなければならない。

Q&A

1　**洗濯機やブラシで洗ってもよいか？**
　洗濯機やブラシでこするのは、一般の服と違い破れやすく、傷つくので厳禁。
2　**汚れがひどい場合は？**
　衣類用洗剤を薄めてタオルに染み込ませ、軽く拭き取るように洗い、よくすすぐ。

1　3点セット（マスク、シュノーケル、フィン）

　水洗いして日陰干しする（シュノーケルは筒の内部や、バルブ付きのものはバルブ周辺を特に洗うこと。）。

ポイント
　マスク、シュノーケル、フィンのゴムやシリコン部分は、急激な温度、湿度の変化や直射日光にさらされることで劣化しやすく、また変形しやすい素材なので重みのかからない状態で保管することが大切である。

2　ウエットスーツ、ブーツ、グローブ

⑴　十分に水洗いすること。
⑵　洗った後は金属製以外のハンガーに掛け、風通しのよい日陰で乾燥させる。
⑶　スーツの収納は小さくたたむとシワができるので、なるべくハンガー等に吊るした状態で保管し、長期収納する場合はパウダーを塗布しておくとよい。

ポイント
　金属製のハンガーは細いため、肩にハンガーが食い込み、ウエットスーツが破損・変形したり錆が付着するおそれがある。

3　ドライスーツ

(1)　潜水活動終了後、着たままで真水をかぶるのが一番簡単である（特にバルブとファスナー部分は十分に水洗いをする。）。

(2)　洗浄後、木やプラスチック製のやや太めのハンガーに吊るし、なるべく折りたたまない状態で直射日光を避け日陰干しする。

(3)　内部を洗うのは海水や汗が付いた場合のみで、乾きにくいので裏返しにして乾燥させる。

(4)　ファスナーは防水チャックのため、折れ曲がると防水がきかなくなるので注意すること。

Q&A

バルブを水洗いする理由は？

海水の塩分や汚れを十分に水洗いせず、ドライスーツを乾燥させるとバルブ作動部分に塩や砂がかみ、作動不良の原因となる（レギュレター、B・Cにも同じことがいえる。）。

4　ウエイト、ウエイトベルト

水洗いし日陰干しする。

5　ナ　イ　フ

水洗いし日陰干しする。ブレードとハンドル部分が外れるものは分解し、ハンドル内部を洗う。

ポイント

ナイフは他の器材を傷つけやすいので、個別に洗浄し、少量の油を塗布しておく。

6　B・C

外側を水洗いするのはもちろん、パワーインフレーターや排気バルブ（リリーフバルブ）から水が浸入してくる場合もあるので内部も洗う。

(1)　パワーインフレーターから内部に入った海水等を排出し、次に水を入れジャケット全体をよく振って再度水抜きを行う。

(2)　その後ジャケットをやや膨らませた状態で日陰干しする。

7 レギュレター

使用後はファーストステージにしっかりとダストキャップを取り付け、水で満たした容器に浸す。その後エアー通しをして日陰干しする。

ポイント

1 水に浸したままパージボタンを絶対に押さないこと。
2 直射日光はゴムやプラスチック製品の劣化を早め、変色させたりするので日陰干しにする。
3 使用時はもちろん、保管時も強いショックを与えない。
4 内部に水が入り、腐食するのを防止するため、ダストキャップは使用後必ず取り付ける。

Q&A

水に浸した状態でなぜパージボタンを押してはいけないのか？
中圧ホース内に水が入り、ホースやOリングの劣化を早めたり、中圧室内に水が入ってしまう可能性があるため。

8 水中時計・ライト等

水に浸す。特にライトは水が浸入していることがあるので、よく点検して必要なら分解し、内部の水分を拭き取っておく。

9 ボ ン ベ

⑴ 全体を水洗いする。その後少しだけそく止弁を開いて、バルブの口部分に付着した水滴を飛ばす。
⑵ 残圧が残っており再使用のため保管する場合は、バルブの口部分にほこり等が付着したり、Oリングを損失したりしないよう、ビニールテープをバルブの口部分に張っておく。また、ガムテープに残圧を記入し、ボンベに貼っておくとよい。
⑶ ボンベは長時間使用せず放置しておくと内部に水が溜まり、内部腐食の原因ともなるので、繰り返し使用、充填し、内部の空気を入れ換える。

ポイント

名古屋市消防局では、重要器材（レギュレター等）は定期的に専門店又はメーカーに点検に出し、他の器材は予備を用意している。

名古屋市消防局補修備品一覧

1　ウエットスーツ、ドライスーツ
　（同素材の生地、スーツ補修用ボンド、針と糸）
2　マスク（ストラップ、バックル）
3　シュノーケル（マウスピース、シュノーケルホルダー）
4　フィン（フィンストラップ）
5　Ｂ・Ｃ（パワーインフレーターホース取付け部のＯリング）
6　ナイフ（グリップ底部のリング、やすり、ホルダーのストラップ）
7　ウエイトベルト（バックル、予備ウエイト）
8　レギュレター（マウスピース、ダストキャップ、Ｏリング）
9　ボンベ（Ｏリング）
10　水中ライト（Ｏリング、シリコングリス、レンズ、電球、電池）
11　その他（ドライバー、六角レンチ等一般工具一式、ロープ、カラビナ、浮環、救命胴衣）等

第 V 編

訓　練

第1章　水面救助訓練

1　救助隊の訓練

⑴　名古屋市消防局では、各消防署において水防訓練を実施し、舟艇訓練等を実施している。

⑵　名古屋市消防局では、資器材の導入や必要性に応じ、適宜、特別消防隊が実施している。

　　ア　道具を使用して陸上から救助する要領

　　イ　水面からの要救助者引き上げ要領

　　ウ　着衣泳や浮力の保持要領

　　エ　ＰＦＤ（Personal Flotation Device）の着装要領

　　オ　スローバッグの取扱い要領

　　カ　流水環境下における救助の危険性についての講習

Q&A

　名古屋市消防局の救助隊及び特別消防隊で使用しているスローバッグの性能は？
1　水に浮くフローティングロープを採用（素材はポリプロピレン製）。
2　ロープの径は9mm、長さは22m、破断強度は約1t。
3　浮力体の入ったバッグに収納でき、付属のベルトで腰に装着可能。

2 特別消防隊の訓練

(1) 定期訓練における水面救助訓練

　ア　名古屋市消防局では、プールや海洋において、適宜、実施している。

　イ　訓練内容は第Ⅰ編第 2 章「静水救助活動」の内容によるものとする。

ポイント

　ウエットスーツ及び 3 点セット（マスク、フィン、シュノーケル）を着装し実施する。

　実際に要救助者役をダミーや隊員が行い、安全な接触要領や搬送、引き上げ訓練等を実施する。

(2) 流水救助訓練

　ア　流水環境下における救助の危険性について周知

　イ　ＰＦＤ（Personal Flotation Device）の着装要領

　ウ　スローバッグの使用方法

　エ　実際に流れのある河川を利用した訓練

　　(ア)　ディフェンシブスイム

　　(イ)　アグレッシブスイム

　　(ウ)　スローバッグによる救助訓練

　　(エ)　ゴムボートを使用した訓練等

Q&A

　1　**名古屋市消防局での訓練の実施時期は？**

　　年度の始め（5 月頃）に実施している。

　2　**1 の理由は？**

　　新隊員にも早期に周知する必要があるため。また、梅雨や台風による河川増水の前に行う必要があるため。

　3　**名古屋市消防局での隊員の育成方法は？**

　　近年は民間の「レスキュー 3 ジャパン」の教養を隊員に受講させている。また、受講した隊員が中心となって、特別消防隊内で教養している。

第2章　潜水救助訓練

2−1　定期訓練

1　定期訓練

　名古屋市消防局では、定期訓練は、原則毎月3回（プール2回、海洋1回）実施し、潜水に関する基本的事項の習得と技術の向上を図っている。

2　プール・海洋訓練

　年間を通して、下記の訓練内容を参考とした海洋訓練を行う。プールにおいては、各月に実施する海洋訓練の事前訓練及び再確認を行うとともに、潜水基本技術の確認及び測定を実施する。

訓練内容	訓練実施項目	訓練目的
環状検索	1　浮環搬送要領 2　潜降索設定要領 3　索展張要領 4　検索要領	新しい潜水隊員を含めた連携確認及び新隊員の陸上活動要領の習得のため、基本的な環状検索を実施することを目的とする。
河川潜水	1　流水環境下潜水活動要領 2　検索要領	夏季、降水量の増加による河川での水難事故に備え、流れのある環境での活動要領の確認を目的とする。
車両検索 車内検索 車両引き上げ	1　車両・車内検索要領 2　安全停止フロート設定 3　斜潜行ロープ設定要領 4　けん引ワイヤー設定要領 5　クレーン玉掛け設定要領	潜水隊員と陸上隊員との連携確認、及び新隊員の陸上活動要領の習得を目的とする。

ジャックステイ検索 新ジャックステイ検索 片側ジャックステイ検索 半円検索	1 潜降索設定要領 2 索展張要領 3 検索要領	各種検索法の確認を目的とする。
夜間潜水	1 夜間視界不良内での検索 2 潜水ライト取扱い 3 ライトロール設定要領	夜間視界不良のある環境での検索を体感すること及び潜水ライト、ライトロールの設定の確認を目的とする。
深度潜水	1 深度潜水要領 2 エチケット停止	深度に合わせた減圧停止時間の確認、及び深度潜水要領の確認を目的とする。
ドライスーツ取扱い	1 ドライスーツ取扱い 2 ぐるぐる	ドライスーツの取扱いを行うことを目的とする。
河川潜水（ドライスーツ）	1 流水環境下潜水活動要領 2 検索要領	ドライスーツ着装による河川での検索要領の確認を目的とする。

2－2　特別訓練

1　新潜水隊員特別訓練

(1)　目的

　　隊員のうち潜水士の資格を有する者を対象に、潜水隊員としての基本的な能力の習得を目的として実施する。

(2)　訓練実施内容

　　訓練チェックリストを基にして、プールと海洋で実施する。

2　現潜水隊員特別訓練Ⅰ・Ⅱ

　現に潜水隊員として任命を受けている者に対して、潜水技術の向上を目的として実施する。

3　潜水指導・安全管理隊員特別訓練

　名古屋市消防局では、認定区分「A」潜水隊員（2－6「潜水隊員の認定基準」）に対し、訓練指導技術の向上を図ることを目的として実施している。

新潜水隊員特別訓練チェックリスト1

項 目	実施日時	担当指導者	実施結果
1 200mクロール			
2 マスク・シュノーケル			
(1) シュノーケル・クリアー			
(2) 〃 （マスク無）			
(3) マスククリアー			
(4) マスクリカバリー			
3 水面泳法			
(1) フィンワーク			
(2) 3点セット水面泳法			
(3) イルカ泳法			
(4) マスク裏3点セット水面泳法			
(5) 〃 イルカ泳法			
4 ウエットスーツ・ウエイト			
(1) ウエットスーツ取扱い			
(2) ウエイト脱・装着等取扱い			
(3) 適正ウエイト			
(4) ウエイトリカバリー			
5 エントリー			
(1) ジャイアントストライド			
(2) フィートトゥゲザー			
(3) バックジャンプ			
(4) バックロール			
6 潜降・浮上			
(1) さがり綱利用による潜降 （耳抜き）			
(2) ヘッドファースト			
(3) 浮上時の姿勢と安全確認			
7 インターバル			
(1) 横			
(2) 縦			

8　立ち泳ぎ（3点セット）			
※ここから下はスキューバダイビング			
1　潜水資器材の基本的な取扱い説明			
(1)　ＢＣ、レギュレター、ボンベの種類			
(2)　潜水資器材の脱・装着　　（陸上）			
2　エントリー			
(1)　ジャイアントストライド			
(2)　フィートトゥゲザー			
(3)　バックジャンプ			
(4)　バックロール			
3　潜降・浮上			
(1)　潜降			
(2)　浮上			

※実施結果は、指導者が○・△・×で記入し、コメントがある場合は欄外に記入する。

新潜水隊員特別訓練チェックリスト2

項　目	実施日時	担当指導者	実施結果
1　緊急浮上			
(1)　バディブリージングアセント			
(2)　フリーアセント			
2　中性浮力			
(1)　水底（フィンピボット）			
(2)　中間			
3　基本動作			
(1)　水面でのセットの脱・装着			
(2)　レギュレタークリアー			
(3)　レギュレターリカバリー			
(4)　全装備泳法　（水面）			
4　水中サイン			
5　呼吸管理（レギュレター回し）			
6　アンカー設定要領			
(1)　受け取り～投入			
(2)　さがり綱編込み要領			
(3)　撤収法			
7　ぐるぐる			
(1)　トラブル無し			
(2)　トラブル有り			
8　装備脱浮上			
9　コンパスナビゲーション（陸上）			
10　エアー・ステーション			
11　索展張及び撤収要領			
12　環状検索			
13　トラブル回避（妨害排除）			
(1)　障害1つ			
(2)　障害2つ			

(3)　障害3つ			

※実施結果は、指導者が○・△・×で記入し、コメントがある場合は欄外に記入する。

新潜水隊員技術訓練チェックリスト

項　目	実施日時	担当指導者	実施結果
1　ドライスーツ取扱い（脱着要領）			
2　適正ウエイト			
3　水面泳法			
（1）　3点水面泳法			
（2）　イルカ泳法			
4　潜降・浮上			
（1）　ヘッドファースト			
（2）　浮上時の姿勢と安全確認			
※ここから下はスキューバダイビング			
5　潜降・浮上			
（1）　潜降			
（2）　浮上時の姿勢と安全確認			
6　緊急浮上			
（1）　バディブリージングアセント			
（2）　フリーアセント			
7　給排気要領			
8　吹き上げ対処法			
（1）　排気バルブ使用			
（2）　首の隙間から排気			
（3）　姿勢による速度制御			
9　中性浮力			
（1）　水底（フィンピボット）			
（2）　中間			
10　基本動作			
（1）　水面でのセットの脱・装着			
（2）　全装備泳法　（水面）			
（3）　全装備泳法　（水中）			
11　ダイバーフォン			
（1）　資器材取扱い			

(2)　潜降・浮上			
(3)　送受信要領			
(4)　トラブル回避			

※実施結果は、指導者が○・△・×で記入し、コメントがある場合は欄外に記入する。

2－3　インターバルトレーニング

1　目　的

　インターバルトレーニングとは、水中において長い時間息こらえができるようにするためのトレーニングである。長い間息こらえができるということは、隊員の自信となり、すなわちパニックにつながる危険性を少しでも小さくすることである。訓練方法も様々であるが、その種類によって呼吸管理やフィンワーク等の基礎技術及び水中での冷静な判断能力等の習得も本訓練の狙いである。

2　訓練要領

(1)　横方向のトレーニング例（25mプール）実施例

　【例1】

　　　3点セットでプールサイドにシュノーケル呼吸で待機し、指揮者のスタートの合図（長一声準備・短一声開始）により水平潜行（25m）を実施、25m地点で浮上し、水面泳法でスタート地点まで戻る。なお、帰りもシュノーケル呼吸を続け、水面よりマスクを上げない。スタート地点に戻ったらシュノーケル呼吸で待機し、指揮者の合図で再び水平潜行を行う。10回を目途にこれを繰り返す。

　【例2】

　　　3点セットでプールサイドにシュノーケル呼吸で待機し、指揮者のスタートの合図により水平潜行（25m）を実施、25m地点で浮上し、シュノーケル呼吸で待機する。指揮者の合図で再び水平潜行を行い、10回を目途にこれを繰り返す。

　【例3】

　　　トレーニング実施者が各バディを2列縦隊でプールサイドに配列し、プール外周をシュノーケル呼吸で水面遊泳する。指揮者の合図により水平潜行し、各自の限界近くまで水平潜行を行う。浮上後は再びシュノーケル呼吸で水面を移動する。全員浮上後、適度な時間を見計らい、再び指揮者の合図により水平潜行を実施し、10回を目途にこれを実施する。

ポイント

1　シュノーケル呼吸での待機時間を変えて、訓練の負荷を調整することもできる。
2　マスクを後頭部に回すことにより、シュノーケル呼吸に視界による制限を加えることもできる。
3　バディあるいは全員で手をつなぐことにより、負荷を加えることができる。
4　安全管理員は訓練実施者のやや後方より訓練監視を実施すること。

(2)　縦方向のトレーニング例（5mプール）実施例

【例】

　　　3点セットで水面にシュノーケル呼吸で待機し、指揮者の合図により潜降を実施し、水底で待機する。合図により浮上し、水面においてシュノーケル呼吸で待機する。指揮者の合図で再び潜降を行い、10回を目途にこれを繰り返す。

ポイント

1　シュノーケル呼吸での待機時間を変えること、また、水底での滞底時間を変えることにより訓練の負荷を調整することもできる。
2　マスクを後頭部に回すことにより、シュノーケル呼吸に視界による制限を加えることもできる。
3　5mプールで実施する場合には5m地点（水底）に全装備（オクトパス付）の安全管理員を数名配置してから行うこと（ブラックアウトの危険性）。

2－4　呼吸管理

1　目　的

　スキューバダイビングにおいて、ボンベの空気は非常に重要なものである。水中での呼吸がスキップ呼吸（浅く早い呼吸）では、やたらに空気を消耗し、有効な換気ができずパニックを引き起こす危険性もある。そのために、呼吸はしっかり"吐く"ということをダイバーに意識させることが重要である。

2　訓練要領

　一つのレギュレターを数人で回すやり方で、1人2呼吸限定で次の隊員にレギュレターを回す。その際に必ず完全に排気してから空気を吸い込むことにより、次にレギュレターが回って来るまで楽にいられる。

図5－2－1

ポイント

> レギュレターを回す際は必ず吸った後、マウスピース部分を下に向けること（上に向けてしまうとフリーフローするため。）。

3　その他の呼吸管理の訓練要領（エアーステーション）

　50m（25m）プールの水底の2～3ポイントにスキューバセットを配置し、水平潜行しながら各ポイントで呼吸し、水面で呼吸することなく次のポイントへ水平潜行を続ける訓練。これを何回も実施するには、しっかりとした呼吸の完全換気が必要となってくる。なお、常に呼気を吐く意識を忘れないこと。

　なお、この訓練は非常に危険なため、水中での安全管理員を多めに配置し訓練に臨むこと。

ポイント

1　各ポイント及びプールサイドに安全管理員を必ず配置すること。
2　指揮者は訓練開始前に隊員の健康状態の確認を怠らないこと。
3　水深が浅い場合の浮上でも、肺に高圧空気をいっぱいに吸い込んだ状態では肺破裂の危険があるので、必ず浮上の際は気道を確保し息を吐きながら浮上すること。

2－5　妨害排除（トラブル回避）

1　目　的

　　この訓練は水中において起こるさまざまなトラブルを人為的に起こし、それをバディで回避するための訓練である。この訓練の繰り返しにより、水中での冷静さ、バディやエアーの大切さを身につける。

　　この訓練は非常に危険なため、水中での安全管理員を多めに配置し訓練に臨むこと。また、訓練指揮者は、訓練開始前に隊員の健康状態等に十分配慮すること。

2　訓練要領

　　まず、お互いの潜水技量を把握している者同士でバディを組む。次に、お互いの合図を確認した後、潜降を開始する。水底に到着したらゆっくりと水底を泳ぎ、指導者が人為的に起こすトラブルをバディで助け合ってクリアーしていく。

図5－2－2　マスククリアー　　図5－2－3　ロープ（魚網等の排除）

図5－2－4　マスクがない状況でのバディブリージング

ポイント

　水深が浅い場合の浮上でも、肺に高圧空気をいっぱいに吸い込んだ状態では肺破裂の危険があるので、必ず浮上の際は気道を確保し息を吐きながら浮上すること。

2－6　潜水隊員の認定基準

1　目　的

　名古屋市消防局では、潜水隊員を区分することで、潜水に関する技術及び体力の目標を明確化させ、訓練の効率化を図るとともに、指導体制を明確にすることで現場活動をより安全に遂行することを目的としている。

2　潜水隊員の認定区分と活動

(1)　認定区分「A」潜水隊員

　ア　潜水業務において、潜水隊員を統括することができる。

　イ　潜水業務に関する指導及び安全管理を的確に実施できる。

(2)　認定区分「B」潜水隊員

　　潜水業務を確実に実施できる。

(3)　認定区分「C」潜水隊員

　　潜水業務のうち、潜水訓練において自己の安全を確実に確保できる。

3　潜水指導体制について

　認定区分「A」潜水隊員で消防司令補の階級の隊員を「潜水指導員」、消防士長の階級の隊員を「潜水指導補助員」とし、潜水隊員の育成及び技術指導、技能確認、訓練時の安全管理等を行っている。

第3章　ヒヤリハット・事故事例等

No. 1	潜水訓練・ドライスーツ内への浸水（ヒヤリハット）
発生概要	海洋での夜間潜水訓練を実施中、潜降時、ドライスーツ内に首の部分から海水が入った。最初はあまり気にする量ではなかったが、体を動かすたびに水の量が多くなり、冬場で海水温度も低く体温が低下し、時間とともに手足がしびれ、震えが止まらなくなったため緊急浮上したもの。
安全管理等	1　陸上からの照明活動を行うよう指示した。 2　バディ潜水の実施を徹底した。 3　水中安全管理担当者の配置を指示した。

復　元　図	要　　　　　因
	1　ドライスーツの取扱いが十分に習得できていなかった。 2　潜降時に首を大きく動かしてしまった。 3　水がドライスーツ内に入ってしまったにもかかわらず、訓練を継続した。
	対　　　　　策
	1　プール等の訓練施設でドライスーツの取扱いを十分に習得してから、海での実践訓練に臨む。 2　潜降時には、首を大きく動かすなどドライスーツ内へ浸水するような動きを避ける。 3　何らかのトラブルが発生した場合には、バディ若しくは水中安全管理担当者へ伝える。

【セーフティポイント】
　ドライスーツを着用する際、隊員一人ひとり体形が異なるため、ネックバンドを活用するなど、ドライスーツ内への浸水を防止する必要がある。

No. 2	救命索発射銃取扱訓練・ゴム弾接触のおそれ（ヒヤリハット）
発生概要	河川にてフローティングロープを用いた要救助者救出訓練を実施中、救命索発射銃を使用して、河川の右岸から50m先（川幅は40m）の対岸に、ゴム弾を発射したところ、予想以上にゴム弾が飛び、左岸にいる隊員と接触しそうになったもの。
安全管理等	1　河川での訓練のため救命胴衣の着装を指示した。 2　対岸の隊員に合図をしてから発射するよう指示した。

復　元　図	要　　　因
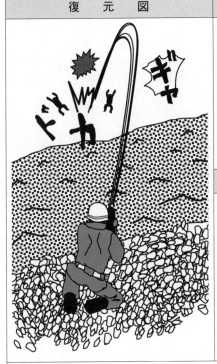	1　資器材の諸元性能を理解していなかった。 2　対岸の隊員との連携が不十分であった。
	対　　　策
	1　目標物までの距離に合わせて空気圧を設定する。 2　ゴム弾を発射する前に、対岸の隊員と連携して、ゴム弾の到達予想場所付近の安全を確保する。

【セーフティポイント】
　事故を起こさないためにも、資器材の諸元性能を理解し、取扱いを熟知することが重要である。

No.3	水難救助現場・落下（ヒヤリハット）
発生概要	水難救助現場で、要救助者にサーバイバースリングを設定し、三つ打ちロープの直引きにより、水面から3m上の岸壁上に救出しようとしたところ、サーバイバースリングから要救助者が滑り出し、落下させそうになったもの。
安全管理等	1　岸壁付近で活動する隊員へ、自己確保ロープの設定及び救命胴衣の着装を指示した。 2　要救助者を保護するため、岸壁沿いに防水シートの設定を指示した。

復　元　図	要　　因
	1　サーバイバースリングの縛着帯を設定していなかった。 2　要救助者の意識が無いことを考慮した活動を行わなかった。
	対　　策
	1　サーバイバースリングの縛着帯があるタイプのものは、必ず設定し使用する。 2　意識が無い要救助者を救出する場合、要救助者がスリングから抜け落ちる危険性が極めて高いため、必要な措置を行ってから使用するか、他の資器材を選定する。

【セーフティポイント】
　水難救助現場の要救助者は、体・衣服が濡れていて滑りやすいため、担架へ収容し救出するか、要救助者が滑り落ちない救助用縛帯等を選定する。

No. 4	潜水訓練・耳の異常（事故事例）		
発 生 日 時	平成19年10月9日（火）10時30分頃	天 候	曇り
傷 病 程 度	左耳中耳損傷		
事故発生概要	深さ５mの飛込みプールにおいて、５m潜降のインターバル訓練を実施していたところ、４回目の潜降中に左耳に違和感が発生し、訓練を中止したが症状が改善されなかったもの。		
安 全 管 理 等	1　健康状態の確認及び準備体操を訓練指揮者に指示し、安全管理担当者には、酸素吸入器の準備を指示した。 2　訓練中は、水底で潜水セットを装備した潜水隊員が潜降・浮上速度、水中での行動及び呼吸状態を監視するよう指示した。		

復 元 図	要 因
	1　潜降・浮上を繰り返すうちに耳抜きがしづらくなり、普段より強めに耳抜きを実施した。 2　自分の体調を把握できていなかった。
	対 策
	1　耳抜きには個人差があるため、少しでも異常を感じたときは、潜降を中止する。 2　安全管理担当者は、インターバル訓練を行う前には、必ず耳抜きの確認を行わせる。 3　耳抜きの調子が悪い隊員は、タラップ等を利用しゆっくり潜降しながら耳抜きするか、訓練を中止する。

【セーフティポイント】
　潜降時の耳の異常、体調の変化などは客観的な判断が難しいため、安全管理は自己判断になってしまう。体調に異常を感じた際は、無理をせず訓練を中止することも必要である。

No.5	潜水訓練・衝突（事故事例）		
発 生 日 時	平成20年5月22日（木）10時30分頃	天　候	晴れ
傷 病 程 度	顔面挫創		
事故発生概要	深さ5mの飛込プールにおいて、25m水平潜降のインターバル訓練を実施していたところ、6回目の訓練からマスクを外し裸眼で潜降しているときに、前方を直視していなかったため、到着地点のプールサイド壁体に顔面をぶつけ受傷したもの。		
安 全 管 理 等	1　体調不良の隊員がいないことを確認し、水中、水面及びプールサイドに安全管理担当者を配置するよう指示した。 2　万が一に備え、酸素吸入器の準備を指示した。		

復　　元　　図	要　　　　因
	1　鼻に水が浸入しかけ呼吸管理に意識が集中するあまり、到着地点の目測を見誤った。 2　他の隊員に遅れないようにスピードを出しすぎた。 3　裸眼で水中を泳いでいるため、到着地点が不鮮明であった。
	対　　　　策
	1　到着地点を目視で予測し、余裕をもって浮上する。 2　スピードを出すところと、ゆっくり慎重に行うところを区別する。 3　到着地点に接近する前から、手を伸ばして泳ぐようにする。

【セーフティポイント】
　訓練指導者は、訓練時の危険要因をあらかじめ徹底し、回避策も指示したうえで訓練を実施させる。

参考文献

本書の作成にあたり、多数の文献、規格を参照しました。
参考にした文献の主なものは、次のとおりです。

- 「WEEKEND ENJOY SERIES 1 スクーバダイビング」（同朋舎出版）
- 「新・潜水士テキスト」（厚生労働省安全衛生部労働衛生課）
- 「ダイビングマニュアル」（日本海中技術振興会）
- 「JAPAN・CMAS・ダイビングマニュアル」（日本海中技術振興会）
- 「O・V・S業務用水中機器総合カタログ」（日本海洋株式会社）
- 「溺者救助法」（日本赤十字社）
- 「スウィフトウォーターレスキューテクニシャルマニュアル」
  （レスキュー3インターナショナル社）
- 「スクーバダイビングレスキューマニュアル」（技報堂出版）
- 「救助法（基本）」（全国消防協会）
- 「潜水医学入門－安全に潜るために－」（大修館書店）
- 「ダイバーのための潜水医学テキスト」（水中造形センター）
- 「警防活動時等における安全管理マニュアル」（総務省消防庁）
- 「訓練時における安全管理マニュアル」（総務省消防庁）
- 「訓練指導マニュアル」（東京消防庁）

2－3訂版　消防救助技術必携
〈水難救助編〉

平成14年7月30日　初　　版　　発　行
平成25年8月1日　　2　訂　版　発　行
平成28年1月15日　2－2訂版発行
令和5年8月20日　2－3訂版発行

編　著　名古屋市消防局

発行者　星　　沢　　卓　　也

発行所　東京法令出版株式会社

112-0002	東京都文京区小石川5丁目17番3号	03(5803)3304
534-0024	大阪市都島区東野田町1丁目17番12号	06(6355)5226
062-0902	札幌市豊平区豊平2条5丁目1番27号	011(822)8811
980-0012	仙台市青葉区錦町1丁目1番10号	022(216)5871
460-0003	名古屋市中区錦1丁目6番34号	052(218)5552
730-0005	広島市中区西白島町11番9号	082(212)0888
810-0011	福岡市中央区高砂2丁目13番22号	092(533)1588
380-8688	長野市南千歳町1005番地	

〔営業〕TEL 026(224)5411　FAX 026(224)5419
〔編集〕TEL 026(224)5412　FAX 026(224)5439
https://www.tokyo-horei.co.jp /